地域密着店が
リアル×ネットで
“全国繁盛店”になる方法

日本販売促進研究所
商業経営コンサルタント
佐藤勝人

同文舘出版

はじめに

ローカルカメラ店チェーン「サトーカメラ」を経営する実務家と、全国の中小企業を指導する商業経営コンサルタントという二足のわらじを履いて20年以上。これまで、チラシ広告を活用した「佐藤勝人流・地域一番化戦略」で、多くのリアル店舗の繁盛を生み出してきた。

世の中では楽天やAmazonなどの大手ネットショップが台頭し始め、1人1台スマホを持つ時代になり、インターネットの普及が一気に加速。そして2020年、コロナ禍で未曽有の不況期に突入し、多くの中小店が厳しい状況に見舞われているのは皆さんも知る通りだ。

先行きの見えない中、「どうせ大手の独り勝ちだ」「今さらネットには勝てない」「店舗にお客さんが戻らない今、どうしようもない」とあきらめていないだろうか？

私から言わせれば、今は10年に一度のチャンスだ。

お客様は不景気の時代にこそ、信用のある会社とお店に流れる。信用・信頼第一でやってきた中小店ならではのアプローチで、いい商品、いいサービスをお値打ち価格で打ち出せれば、一気に顧客の流動化が起こる。

これは好景気の時期には起こりえないチャンスだ。


不況期には不況期の戦い方がある！　そのひとつとして、今こそ中小店が本気で取り組むべきなのが、**リアル店舗とネット販売の融合**だ。

コロナ禍でお客様のモノの買い方は大きく変わった。ネット通販に対する抵抗感はなくなり、商品の価格帯にかかわらず、誰もが当たり前のようにネットで買い物をする時代になった。

ネットなら客層は「全員」だ。狙える顧客の性別や年齢層が一気に広がる。販売エリアが日本全国になり、販売時間は24時間に拡大する。それらすべてが、新規顧客開拓のチャンスにつながるのだ。

こんな大きな追い風が吹いているのに、大半の中小店は、

- **ネット事業部は「一応ある」**
- **ネット担当者は「一応いる」**
- **ホームページや自社ECサイトは「一応ある」**
- **SNSも「一応フォロワーがいる」**

という状態のままだったりする。

今こそ、「10年前に作ったきり」「業者に丸投げ」「なんとなくルーティンワーク」になっていたオンライン事業を再整備する絶好のチャンスだ。

何も大手のマネをして、立派なホームページや多数の専門スタッフを用意して、フォロワー数の獲得に必死になったりする必要はない。オンラインでも、今ある環境、今あるツール、今ある人員で十分に戦える。むしろ、リアル店舗で接客を鍛えてきた我々の強みを活かせば、大手にだって勝てるのだ！

といっても、実は「サトーカメラ」も長い間、多くの中小店と同じ状態だった。ECサ

イトの売上は、17年以上もの間、月100万円前後。売上がなかなか上がらず、ネット販売のよくある失敗はひと通りすべて味わってきた。

2007年にはIT企業と業務提携して失敗し、2015年にはアプリ開発も失敗。さらに2018年には、大手ネット通販プラットフォーム出身のECコンサルタントに指導を仰ぐという〝らしくない〟回り道も経験した。

今となってはそれも笑い話だが、これらの試行錯誤の末に〝苦肉の策〟として見つけていったのが、本書でお伝えしていく「**中小店のためのリアルとネットの融合戦略**」だ。


サトーカメラでは、この「リアルとネットの融合戦略」を2020年のコロナ禍で一気に加速させ、5カ月目にしてECサイトの売上が月1000万円台にまで大幅アップ。さらに半年後には月2000万円台と推移し、現在も伸び続けている。

そのひとつの要因が、リアル店舗でメインの客層だった子育てママ世代とは別の、まったく予想外の客層を新たに獲得できたこと。その結果、「高額で型番商品だから、オンライン販売は不利」とされていたカメラの売上が、飛躍的に伸びた。

今はむしろ、「中小店こそ、高額商品をオンラインで有利に売ることができる」と確信しているくらいだ。

お店でお客様と接客しているのと変わらないコミュニケーションをオンラインでも行なうことで、お客様は高額商品であっても必ず買ってくれる。

サトーカメラのライブコマース（生配信での販売）では、2時間で500万円を売り上げたこともある。しかも、使うのはYouTubeだから利用料はタダ。せいぜい、告知用のLINEアカウントが月1万5000円かかるだけだ。

本書では、失敗や回り道を経験しながら導き出していった「リアルとネットの融合」のノウハウを体系化。本書を読み込んでくれる皆さんには、中小店に最適な「リアルとネットの融合」の考え方とアクションを最短距離で学んでいただけるだろう。実際に、私のコンサルティング先でも成果が続々と出ている状況だ。

コロナを機に、地理的な距離はゼロになった。中小店が飛躍するチャンスだ。

さあ、「リアルとネットの融合」で売っていこう！

日本販売促進研究所　商業経営コンサルタント　佐藤勝人

CONTENTS

『地域密着店がリアル×ネットで
〝全国繁盛店〟になる方法』目次

第1章 店頭販売が強い中小店こそ、「リアル×ネット」で売れる！

第2章 主力商品と集客商品を見直そう！ リアル×ネットの「商品」の考え方

第3章 今あるツールを使い倒す！ ネット販売戦略はじめの一歩

CONTENTS

第4章 自社ECサイトで売る！中小店のYouTube活用術

第5章 ネット販売戦略を成功させる！ リアル店舗の強化策

CONTENTS

カバーデザイン　藤塚尚子（etokumi）

本文デザイン・DTP　池田香奈子 近藤真史

編集協力　筒井秀礼

第1章

店頭販売が強い中小店こそ、「リアル×ネット」で売れる！

Vol. 1

17年間死んでいたオンライン事業部の話

皆さんの中には、自社サイトで商品を〝一応〟販売している方も多いと思う。私が経営するカメラ店チェーン「サトーカメラ」でも、今でこそ「はじめに」でお伝えしたように自社ECサイトの売上が月2000万円を超えたが、実に15年以上もの間、月100万円程度の売上しかなかった。

サトーカメラでは、2003年から自社サイト「satocame.com」でネット通販を始め、当時は店頭販売で売れ残った商品を販売していた。

今から思えば当たり前の話なのだが、店舗のお客さんからは、

「ネットの価格と店頭価格が違いすぎる！」

「ネットで展示処分品を売るなら、店でも売れ！」

というお叱りをたくさんいただいた。

この頃はちょうど、フイルムカメラからデジタルカメラへの先の見えない移行期で、従来の「安売り型フォーマット」からの脱却を試みていた時期だった。リアル店舗では「想い出をキレイに一生残すために」という企業理念を掲げ、安売り競争からサービス競争へと舵を切った。売れ残り品を店頭で安く売ることをやめ、課題解決提案型の接客で、お客さん一人ひとりをしっかりフォローするカタチに変えたのだ。

そして、売れ残り品をリアル店舗で売らない代わりに、ネットで安く処分するようにしたというわけだ。

こうした事情から、リアル店舗がネット販売を始めるとき、ECサイトの屋号を変える場合が多い。お客さんから同じ店だとわからないようにするためだ。

サトーカメラが屋号をそのまま変えずにネット販売を始めたのは、姑息な手段を使いたくなかったから——と言えば聞こえはいいが、月の売上は100万円ほど。帳簿上は超赤字だった。

ネット販売の方法をいろいろと模索したものの、結局、展示品の処分販売くらいしか思いつかなくて、捨て値で売っていたからだ。仕入原価10万円のカメラを5万円で処分して、月1００万円の売上。毎月2００万円の赤字を計上するというありさまだった。

2０００年代初め頃にネット通販をやっていた中小店は、みんな大体そんな感じだったと思う。リアル店舗で接客して売ることで成功してきたから、売り方がわからなかったんだ。

そのまま3年、4年と経っても、状況は変わらなかった。

そこで2００6年、家電ネット通販で成功している中小企業が東京にあるというので、直接教えを乞いに行った。現在、サトーカメラオンライン事業部で執行役員を務めている神谷吉則君も一緒だった。

そのとき教わったのは、「とにかく品数を増やしなさい」ということだった。だから、「satocame.com」内の商品点数を増やして頑張った。すると、1日1００人だったページビューが1０００人くらいにまで増えた。

でも、まったく売れない。ページビューはあっても、「買いに来る人」がいない。

さらに、地元のＩＴ企業にシステムの構築から運営まで任せてみたりもした。売上の5

%をマージンで払う契約で6~7年続けたが、ITの専門家集団が運営しても全然売れない。

2015年頃には、写真プリントのネット受注に力を入れようと、東京のIT企業に依頼してアプリを開発してもらった。しかし、制作費だけガッポリ取られた末、そのアプリはほぼ使えずに終わった。

結局、何も変わらないまま、何年もの間、サトーカメラのEC事業は開店休業状態が続いていた。

我々も〝あるある〟失敗を重ねてきた

私は毎年、お客さんを連れてアメリカ流通視察セミナーを行なっているのだが、2015年頃から、いよいよ日本もアメリカの小売業のように「オンラインとオフラインの融合」の波が来ると思っていたので、自社サイトがあのままではマズイと、サトーカメラの現状に危機感を持っていた。

今度こそ、とネット販売に力を入れ直したのが2018年。元楽天のシニアディレクターだったECコンサルタントを呼び、イチから指導をしてもらうよう依頼したのだ。そのときにはサトーカメラの中国支社から息子の勇士を呼び戻し、神谷君と2人、みっちり学んでEC事業を立て直してくれることを期待した。

ECコンサルタントによる5回目の指導日だっただろうか。その会議を覗いてみると、2人が先生と激論を繰り広げていた。

つまるところ、そのECコンサルタントも、「品数を増やす」「付加価値をつける」「ページデザインを洗練させる」「楽天やAmazon、Yahoo!ショッピングに出店して、Google広告を出す」といった、巷の書籍やネットでも言われているような方法論しか持っていなかったのだ。

でも、大手ショッピングモールに出店しても、ただ手数料を抜かれるだけで採算が合わず、事業として成り立たない。ネット広告を打っても型番製品は競合が多く、広告料が高い。広告料を下げるには、常に広告キーワードを変えていかねばならず、そのための人件費もかかる。

そんな対策では元の木阿弥だと、こっちは17年も前からわかっている。だから自社サイトで売るノウハウが欲しかったのに、そんな施策では、楽天に金を取られるかGoogleに取られるかの違いだけで、こっちが儲からないのは変わらない。結局、その先生とは物別れに終わり、二度と教えを乞うことはなかった。

サトーカメラも、今、この本を手に取ってくれている皆さんと同じような同じような悩みで苦しんできた。

予算も人材も少ない我々中小店が大手のマネをしても、勝てるはずがない。中小店は中小店ならではの強みを活かしたネット販売のノウハウがあるのだ。

ネット販売で苦戦し続けたリアル店舗が、どんなきっかけで、どんな発想で、苦境を脱したか。そして、どうすれば、皆さんも脱することができるのか。**中小店にしかできない「リアルとネットの融合戦略」**について、これからお話ししていこう。

Vol.
2
失った売上3割を取り戻せ！

２０２０年春から続くコロナ禍の影響で、いよいよ大不況期に突入した。新聞の経済欄を見ると、専門家は軒並み20％近くの売上減を予測している。

しかし、私は30％の売上が減ると見ている。それも一時的にではなく、新型コロナ問題が落ち着いた後もしばらく続くだろう。

中小企業が経営を続けていくためには、コロナ前の売上の7掛けでもやっていける経営体質にすることがひとつの対策だ。これは、実質的に事業規模の縮小ということになる。

もし、現状の規模を維持したければ、プラス３割以上の売上を新たに作る必要がある。

売上を新たに作ろう——と言うと、これまでは、新しい商品や新しい部門を増やすほうに向かっていたと思う。それも間違ってはいないが、不況期にやるべきはそっちじゃない。

不況時の戦い方としては、まずは足元を固めるべきだと思っている。具体的には、既存顧客を含めて、足元にいる休眠客をもう1回全員洗い出すことだ。

小売の世界ではバブルがはじけてから、ここ10～20年間は、「二八の法則」ということが言われてきた。上位20％の顧客で売上の80％を占めているという意味だ。

だから、マーケターもコンサルタントも、上位2割のお客様にいかに売っていくかを教えてきた。「付加価値」「モノよりコト」といったかけ声のもと、私たち中小店もそれを一所懸命に実践してきた。

でも、令和になった今、よくよく考えてほしい。正直、上位2割のお客さんから十分吸い取ったんじゃないか？　ヘビーユーザーのお客さんから、さらに2倍3倍買ってもらうのは、イメージしにくいんじゃないか？

上位2割のヘビーユーザーを贔屓にして、顧客のステータスを上げ、VIP待遇をして、上得意様を増やす……という施策を続けてきたのに、リアル店舗の来店客数は毎年10％減というのが実態だ。そんな中、さらに2倍3倍買ってもらおうというのは、大変なことだ。だって、不況期は、お客さんのほうも大変なんだから。

この先もこれを続けようとすれば、コストも労力も今の何倍かかるかわからない。それだって効果は不確実だ。学校の試験の点数が80点から先はなかなか上がらないのと一緒だ。それより、20点を40点、60点に上げるほうがよっぽど簡単だ。

不況時の戦い方は「二八の法則」の否定から始まる

今こそ、残り8割のライトユーザーのお客さんに目を向けるときだ。

もともと、この層のお客さんを選別していたのは、DMやキャンペーンなどの販促の費用対効果が悪かったからだ。DMひとつ送るにも、ハガキの印刷代や発送代は馬鹿にならないが、ライトユーザーのお客さんは反応が鈍いうえ、客単価が低かった。だから、上位2割のお客さんに絞り込んで売ることに力を入れてきたのだ。

でも今は、LINE公式アカウントやSNS、YouTubeなど、無料で使えるネットツールがたくさんある。皆さんも、何かしらのネット販促は行なっているだろう。それらのツールでつながっているお客さんが一定数いるはずだ。

それなのに、メルマガやLINE公式に登録してもらいっぱなし、SNSのフォローをしてもらいっぱなし……という状態になっていないだろうか？

せっかく顧客リストがあるのに、しかも費用がかからないネットツールがあるのに、活用しない手はない。

今こそ、8割のお客さんをもう一度掘り起こし、失われた売上を取り戻すチャンスだ。

8割のお客さんの売上貢献度が全体の2割だとしても、1年に1回買ってもらえていたのが2回になれば、売上は倍増だ。年3回買ってもらえるようになれば、3倍増だ。お客さん総数の8割が従来比の2倍3倍買ってくれたら、全体の売上押し上げ効果は、すぐに前年比120%、140%になる。


特に、今は新型コロナの影響で、ネットでモノを買うことへのお客さんの抵抗が一気になくなった。日本ではネット小売の売上は小売業全体の売上総額の10%と言われてきたが、今のペースでいけば、近いうちに20%前後はいくはずだ。アメリカみたいに30%とまではいかなくても、日本もそれと同じくらいのネットショッピング社会になっていくだろう。

多くの人はまだ気づいていないかもしれないが、我々中小店はその主役だ。中小店は、大手にはできない手法で、オンラインでも売っていこう！

Vol.3

たった半年で月商2000万円を達成した方法

それでは、サトーカメラが15年以上、月商100万円だったEC売上をどうやって2000万円超にしたのか。しかも、たった半年で。

サトーカメラのオンライン事業が一気に好調となった具体的手法をお伝えしていこう。

LINEでお客さんを掘り起こす

まずは足元のお客さん全員を、お店のLINE公式アカウントに誘導することから始めた。LINE公式の会員登録をしてもらえるよう、あらゆるチャネル、あらゆる手段を使って呼びかけたのだ。

なぜLINE公式かというと、Twitter も Instagram も YouTube も結局は検索で入ってくるものだからだ。向こうから検索して見つけてもらわないと、こちらの情報発信が届かない。それだと宣伝告知用のツールとしてはツライ。

その点、**ＬＩＮＥ公式は、こちらから攻めることができるツール**だ。見せたい情報を確実に、お客さん個人に届けられる。ＬＩＮＥのメッセージがくると、着信音が鳴るだろう。これも情報を見てもらうための重要なポイントだ。

今や、多くのお店がＬＩＮＥ公式アカウントを持っていて、つながっているお客さんの数もすでに一定数ある。私の支援先でも、ＬＩＮＥ公式の登録顧客数は平均１０００人くらいだ。

それにTwitter、Instagram、Facebookでつながっているお客さんも含めれば、２倍３倍の数になるはず。中小店がネット販促を始めるスタートの人数としては十分だ。

YouTubeで商品を売る

お客さんを掘り起こすのと同時に、お店のYouTube公式チャンネルで、「動画」を投稿していった。

サトーカメラでは、アソシエイト（スタッフ）10名ほどが出演し、お店の商品の宣伝から、撮影方法のコツ、雑談、ボツ動画まで、自分たちで撮影・編集をしている。現在は週7回、キーワード検索に引っかかりやすいテーマや人気商品の動画を配信している。

動画を投稿すれば、YouTube公式チャンネルにアーカイブがどんどん溜まっていく。投稿した動画は、LINE公式でURLを貼り付けて、お客さんにお知らせすることができる。まずはリアル店舗のお客さんにLINE公式会員になってもらい、そこに直接案内するほうがより早くネット販売で成果を出しやすい。

さらに、YouTubeの「生配信」（ライブコマース）で商品を直接売ることもできる。リアル店舗と同じ接客販売をしちゃうんだよ、オンラインで。

もともとサトーカメラでは「これからは動画の時代が来る」と、コロナ禍の前からYouTubeを始めていて、フォロワー数も2万人を超えていたが、実売につながっていなかったのが悩みだった。

でも、YouTubeの生配信なら、

アソシエイトが出演・撮影・編集
している YouTube チャンネル

「【買える生配信】中古カメラのすゝめ」　https://www.youtube.com/watch?v=phXe6KWSgmY

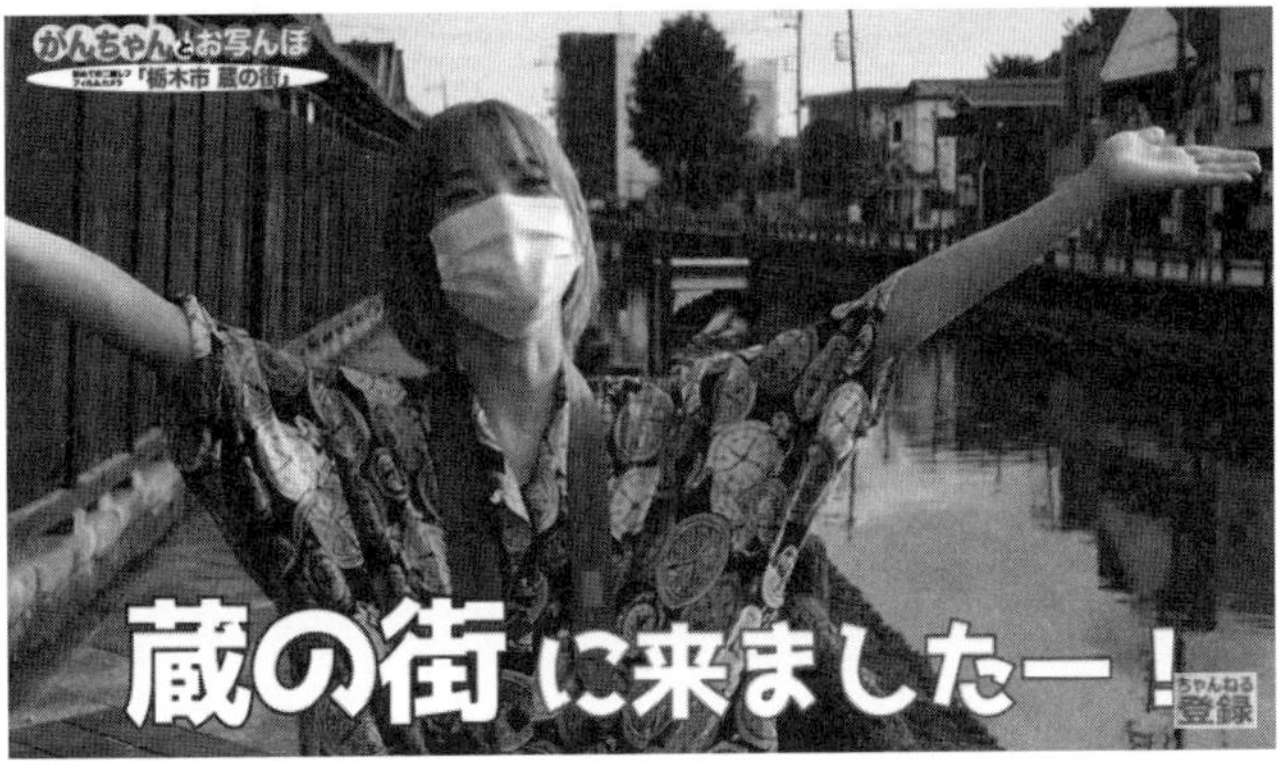

「がんちゃんとお写んぽ」　https://www.youtube.com/watch?v=RH3iXkNq4a8

「この商品、ここがすごいんですよ！　こんなときにオススメですよ！　概要欄のＵＲＬからどうぞ！」

と売り込むことができちゃうのだ。さらにコメント欄で、視聴しているお客さんとリアルタイムでコミュニケーションをとることもできる。

すると、視聴者はリアル店舗で接客を受けているのと同じような感覚で、ネットで買ってくれる。

「いやいや、同じじゃないでしょ、さすがに違うでしょ」と思うかもしれないが、むしろリアル店舗よりも、もっと濃い説明ができることもあるくらいだ。

本書では、リアル店舗のお客さんをＬＩＮＥ公式に登録してもらい、YouTubeを使った「動画配信」「生配信（ライブコマース）」に集める。そして、オンライン接客で売上を立てていく最短距離のやり方をご紹介する。

中小店ならではの「リアルとネットの融合」の進め方だ。

中小店の「リアル×ネット販促戦略」

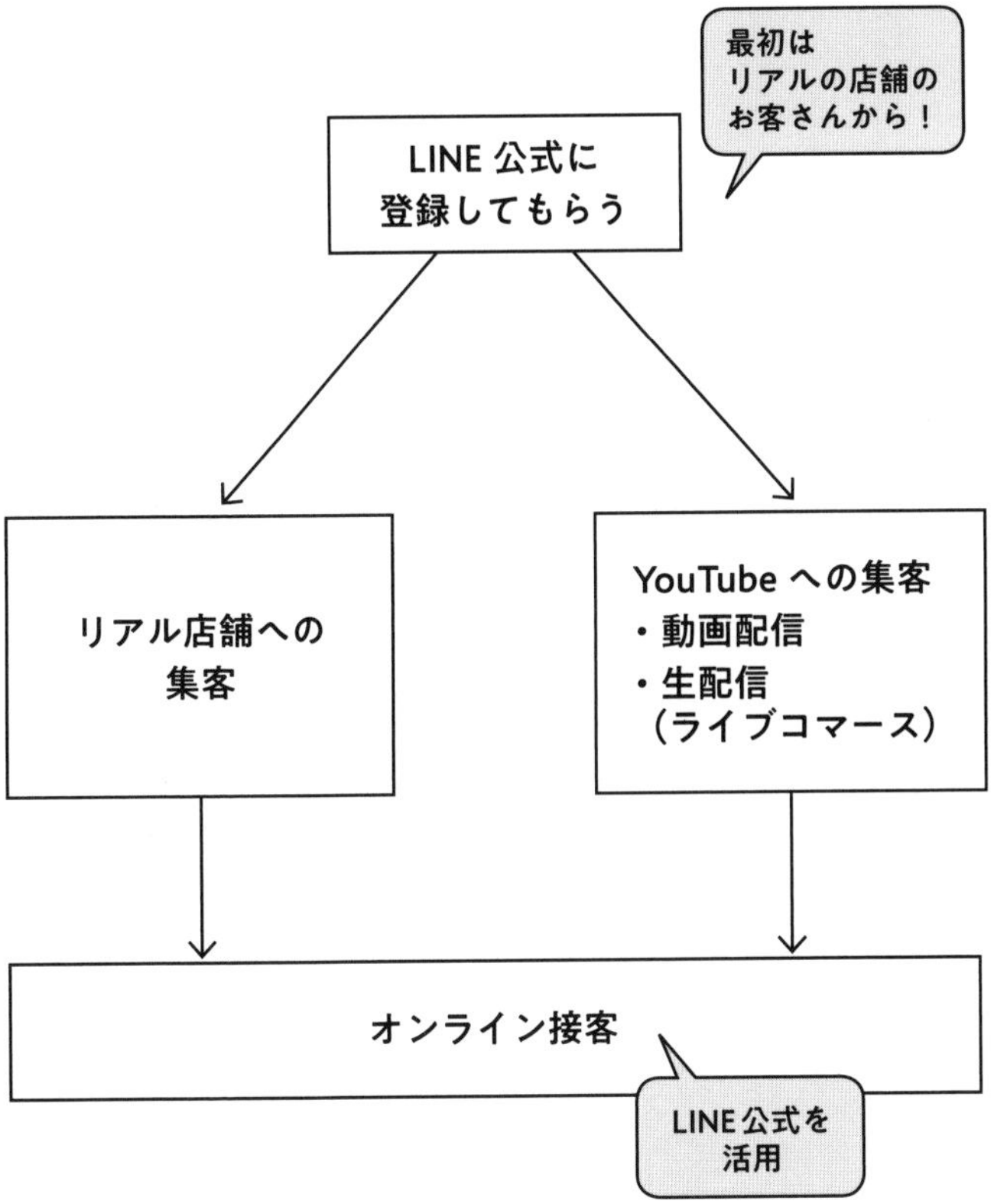

YouTubeで動画を投稿するメリット

YouTubeのいいところは、動画を投稿すればするほどSEO対策にもなる、ということだ。

今はネット検索をすると、結果上位のほとんどが動画サイトだ。これまでは、商品名でネット検索すると、SEO対策に予算をかけられる企業のサイトが上位である場合が多かった。でも今は、GoogleがYouTubeを買収した背景もあって、YouTube動画が検索上位に入ってくるようになった。中小店でも、莫大な資金や手間をかけなくても、ネット検索に引っかかりやすくなったのだ。

なぜ、動画の需要が高まっているのかというと、お客さんも動画を見るほうが楽だから。ECサイトの商品説明ページみたいに目をショボショボさせて文字を追っかけなくても、商品情報が得られるからね。

しかも、動画は伝えられる情報量が圧倒的に多いんだ。AmazonもYahoo!ショッピングも、文字と写真でしか商品の情報が得られない。でも、動画ならスマホでさっと録画して投稿するだけで、商品の実物の大きさや、手に持ったときの感触、実際の使い心地をお客さんに伝えられる。商品をいじりながら、「ここをこう操作すると、こんなふうに動きます」と実演しながら、実際の機能を見せて売ることができる。

今までは、チラシやハガキＤＭでも、キャッチコピーを考えて、説明文を考えて、商品画像をきれいに撮って……というふうに、限られたスペース内での作り込み作業が大変だった。

けど、動画は売る人が商品のよさをトコトンしゃべくり倒せる。こんな効率のいい情報伝達手段は他にない。

YouTubeは、無料で使えるネットツールだ。ＬＩＮＥ公式は月額利用料がかかるけど、それだって最上級プランでも1万5０００円だ（２０２1年夏現在、月4万5０００通まで。フリープランなら月1０００通まで無料）。

ほとんどタダで使える世界最高水準のフォーマットとシステムがすでにある。だったら、自分たちの力で活用していかない手はないじゃないか。

Vol.
4

商品を売った本人がすべての対応をする「顧客密着力」

ジャパネットたかたはやっぱりすごかったよね。髙田明社長が、地方の小都市から、テレビの前にいる人全員に向けてしゃべくり倒して、1アイテムを時には100万台、1人で売っちゃった。そうやってあの物流倉庫、あの品揃え、あのオペレーター体制を作っていった。そして、日本に「テレビショッピング」という買い物文化を定着させた。これは誰にでもできることじゃない。

また今からマネしようとしたって、QVCをはじめとする後続のテレビ通販チャンネルが、もうがっちりマーケットを押さえている。今から新規参入しても、とうてい勝てない。というか、そもそも、そこまでの予算もないのが我々中小店の現実だ。

でも、考えてみたら、我々は別に100万台も売れなくていいんだよね。あなたのお店のその商品、1アイテムで100台売れれば十分じゃない？ 私が個別支援先の社長に聞いたら、「100台売れたらウハウハですねぇ」って、みんな言うよ。

100台程度の規模なら、動画で商品を売った本人だけで対応できる。商品に関する問い合わせ、注文受付、ご購入後のアフターフォローまで、分業制ではなく、動画の出演者本人が1人で全部対応できるのは、中小店ならではのよさだ。リアル店舗の当たり前を再現するのが、最大のポイントだ。

大手のAIチャットには絶対マネできない

動画では、形や大きさなどの商品の特徴はわかりやすいし、実際に操作しながら機能を説明することもできるが、それでもわからないお客さんはもちろんいる。

そのときに、お客さんとLINE公式でつながっていれば、動画を見たお客さんが商品のことで聞きたいことがあったとき、気軽に質問できる。それに対して出演者が早いレスポンスで教えてあげれば、

「なるほど！ じゃあ、これください！」

と納得して買ってくださるはずだ。

きっと、実際にやってみたら実感できるだろう。動画の出演者本人が直で質問に答えることが、お客さんの購買心理にどれだけ作用するかが。

考えてみてほしい。今や、大手のネット通販の顧客対応はほとんどがオペレーターだ。それも、ジャパネットたかたみたいに自社内でオペレーターをトレーニングしていたらいいだろうけど、大半はコールセンター専業会社の外注オペレーターだ。派遣会社から派遣されているオペレーターは当然、商品の細かいことなんかわからないから、問い合わせにも中途半端にしか対応できない。

それも人間が出ればまだマシなほうで、今はオペレーターもどんどんＡＩのチャットボットに入れ替わっていて、もはや人間ですらなくなってきている。

中小店は違う。商品を売った本人が、問い合わせ対応も、注文の処理も、商品の梱包も、発送も、全部マルチ対応で行なえる。その商品のことを一番よくわかっているのは、売った本人なんだから、お客さんへの責任の持ち方が、大手ネット通販なんかとは根本的に違うんだ。

大手にはマネできない〝**顧客密着力**〟を活かして、まずは10個でもいいから、オンラインで売ってみよう。

とにかく、「オンラインで商品を売る」ということのニュアンスを覚えることが大事なんだ。へたな思い込みや苦手意識を持たずに、オンラインで実際に商品もお金も動かしてみよう。オペレーションの心配は、あとからでいい。

Vol.
5

中小店のネット販売戦略①

既存の3段マーケティングから脱却する

大手にはマネできない、中小店の強みを活かしたネット販売戦略。それはズバリ、**「1対1の接客」をオンラインでも実践していく**というのが私の答えだ。

中小店のネット販売戦略の基本の考え方を説明していこう。

次ページ図は、オンライン販売の3段マーケティングだ。上から**ハイタッチ、ロータッチ、テックタッチ**の3層になっている。

本来のマーケティング理論では、たくさんのお客さんを囲い込んでから、上に引っ張り上げる考え方だった。

まずは、たくさんの見込み客を集める（**テックタッチ**）。これまではチラシやハガキDMといった集客ツールだったのが、今はSNSやLINE公式、YouTubeなどを使って、

ネット販売戦略のピラミッド

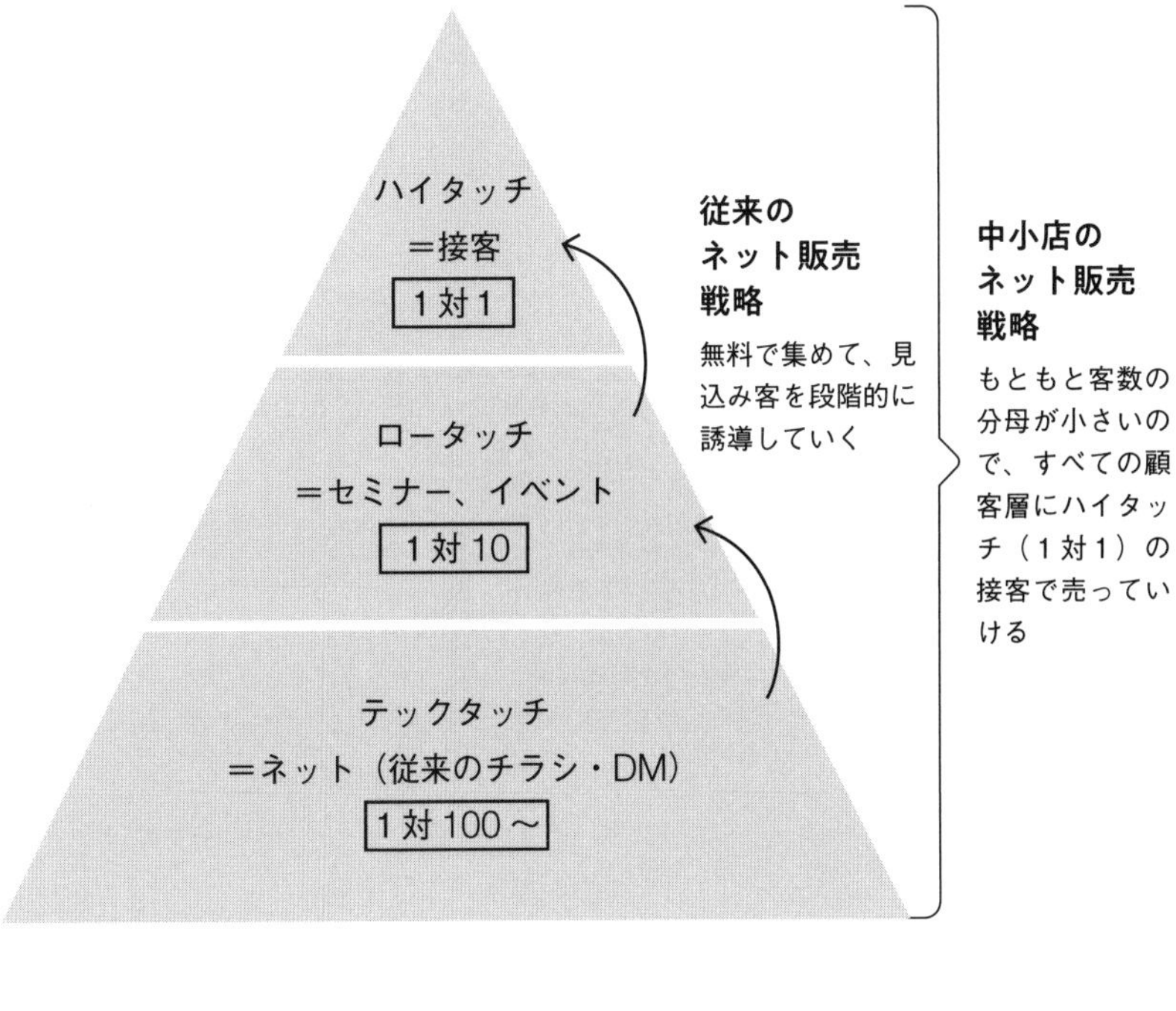
ハイタッチ
＝接客
1対1
ロータッチ
＝セミナー、イベント
1対10
テックタッチ
＝ネット（従来のチラシ・DM）
1対100～
従来のネット販売戦略
無料で集めて、見込み客を段階的に誘導していく
中小店のネット販売戦略
もともと客数の分母が小さいので、すべての顧客層にハイタッチ（1対1）の接客で売っていける

大多数のお客さんにアクセスできるようになった。テクノロジーによって一度に大多数のお客さんに接触できるから、テクノロジータッチ。略して「テックタッチ」だ。

それらのお客さんに対して、ＬＩＮＥ公式でリアルの来店を促したり、ＳＮＳやYouTubeで自分のキャラを売る。そして、セミナーやイベントに来てもらって特別感を演出し、そうやって顧客を段階的に囲い込んでいく（**ロータッチ**）。

そうして、最終的には太客になってもらう（**ハイタッチ**）。要はファン化戦略だね。「ＳＮＳで仕事の話はＮＧ」「みんなで楽しんでいる雰囲気を伝えよう」といって、キャラを売るために変な被り物をしたり、自分の趣味や日々の出来事を投稿したりするのは、段階的にお客さんを囲い込んでいく作戦なんだ。

ただ、不況期には、中小店はそんな悠長な戦略を言っていられない。

わざわざ段階的に引っ張り上げたりせず、**そこ（テックタッチ）で集めて、売ってしまえばいい**のだ。

オンラインなら、たくさんの人に「1対1の接客」ができる！

「1対1の接客」をオンラインでも実践していく。こう言うとたいていの人が、
「オンラインでは、店頭と同じ接客なんてできない」
「関係が濃くならないと、お客様は買ってくれない」
と反論する。

でも、オンラインでも、テックタッチのお客さんにも、「1対1の接客」はできる。「オンラインで接客販売はできない」というのが単なる思い込みだ。

サトーカメラはYouTubeの生配信を使ってライブコマースを行なっているが、まるで店頭で接客するのと変わらない。

動画でしっかり商品の説明をしてもらって、納得したら、お店のECサイトで注文して完了。あとはドキドキしながら商品が届くのを待つだけ。

何か問題ある？　お客さんを育てたりする必要がある？　わざわざセミナーに誘導したり、店舗に足を運んでもらったりしなくたって、いいんじゃないか？

「それだと、お客様との触れ合いがなくなる」みたいなことを言い出す人もいるけど、それじゃあ、あなたは店でお客さんと会うために商売をやっているのか？　そうじゃないよね。自店の商品を買ってもらって、使ってもらって、幸せになってもらいたいからだよね。お客さんを囲い込むことが目的じゃない。

そもそも、オンラインのメリットはそこだったはずだ。お店に来てもらわなくても商品を売ることができる。お客さんは店に行かなくても買うことができる。皆さんも、コロナ禍の自粛期間中にネット通販を利用したんじゃないか？

でも、オンライン接客で売り込みをしてはいけない、という抵抗感がある人が多いのはなぜだろう。

それは、ユーチューバーをよく見ているからかもしれない。ユーチューバーはフォロワー数が命だから、ネットで叩かれたり、登録を解除されそうなことはしない。

だから、企業とタイアップするときも、商品の「紹介」でストップする。無理に売り込んだりしない。

そうした姿しか見ていないから、「YouTubeは商品を売る場じゃない」と思い込んでいるんじゃないか？

本書は、皆さんをそうした誤解から解く本だと思ってほしい。

リアル店舗で〝顧客密着力〟を鍛えてきた中小店こそ、オンラインでの接客販売に向いているんだよ。

利便性だけで売っていた大手小売にはできない販売手法だ。

Vol. 6

中小店のネット販売戦略②
最初は一番人気の商品を安く売る

中小店のネット販売戦略の2つめは、**最初は人気商品を売る**こと。

なぜかと言うと、お客さんは商品名で検索して、動画にアクセスするからだ。会社名でも店名でも、動画に出ているスタッフの名前でもない。だから絶対に、そのとき話題になっている商品から始めること。これが鉄則だ。

それも、型番商品の高額商品がいい。カメラならニコンとか、キヤノンの上級機種だ。そして、「粗利率」ではなく、「粗利額」を狙うこと。10％もあればいい。最初は、高額の型番商品を薄利で売ろう。

みんな勘違いしているのは、ネットで高額商品は売れないだろうと思って、入門商品のような安物を売ろうとするんだよ。安物のほうが、お客さんが気軽にポチれるだろうと思って。でも、中小店のネット販売戦略はそれじゃダメだ。

顧客心理をよく考えてみよう。安物や一般的な入門商品になればなるほど、お客さんは初心者が多くなる傾向がある。となると、やはり名の通った大手企業で買ったほうが安心だという人が増える。

反対に、高額商品になればなるほど、基本的にお客さんは中級者から上級者。店の規模より、商品の内容を重視する。また、型番商品であれば、基本的にそうそう間違った品質の商品に当たる心配はない。だから、店のブランドは余計に気にしない。

後発組の地方中小店こそ、こういう客層（中級者から上級者）が狙い目だ。

正解は、「**高額の型番商品を薄利で売る**」。一番人気の高額型番商品を、日本一安くして売るといい。

スタート時は付加価値をつけて売ろうとしなくていい

店頭販売でよく言われる「付加価値型の売り方」は、ネットではまだまだ通用しない。ネットでは、お客さんが他の業者と比較できる。自店と同じ商品が価格ドットコムでいくらか、検索すればすぐわかる。逆に言えば、すぐわかるからこそ、高額の型番商品を日本一安く売れれば確実に売れる。

私の支援先の総合衣料品店では、ジャパネットたかたと同じ高級羽毛布団を、ジャパネットより3割安くして売っている。それでも商売になるのは数が出るからだ。

もとが高額商品だから、粗利率10％で価格を設定しても、10万円なら1万円の儲けだ。10枚売れれば粗利10万円だ。

仮に皆さんのお店の商圏人口が10万人足らずだったとしても、オンラインなら、極端に言えば日本の人口1億2600万人を潜在顧客にしているのと同じだ。それも価格弾力性がかなり高い顧客だ。

確実に売れるとわかりながら薄利で10枚売り切るのと、売れるかどうか読めない利幅で10枚在庫を抱えながら売るのと、トータルで見てどちらが儲けにつながると思う？

粗利率は低くていいから、粗利額で考えよう。そうやって、まずは数をこなして、ネットで売るという感覚を叩き込もう。

「あなたから買いたい」とか、「接客の仕方が面白かったから買いたい」とか、そういう付加価値で売れるようになるのは、相当数売ってからのレベルの話だ。

Vol.
7

中小店のネット販売戦略③
登録者数で一喜一憂しない

中小店のネット販売戦略の3つめ。

あえて最初に言っておくけど、YouTubeのチャンネル登録者数を追いかけることに意味はない。**買ってくれるお客さんの登録者を増やすことに専念する**ことだ。

私が講師を務める「勝人塾」の塾生に、竹細工店がある。そこはもう10年くらいYouTubeをやっていて、登録者数が2000人ほどいた。

あるとき、2000人じゃ他のYouTubeチャンネルと比べて格好がつかないと思い、登録者を増やそうとした。ちょうどそのとき、「咀嚼音」を配信するYouTubeが流行っていたので、竹細工を作るときの音を動画配信したところ、登録者数が半年で2万人になった。

でも今、社長は「いやー、失敗しました」と笑う。

なぜかと言うと、登録者数は10倍に増えて格好はついたけど、結局、音フェチのユーザーが増えただけで、誰もお店や商品に興味がなかったらしい。それどころか、社長が自社商品を宣伝したら、「こっちは竹の音が聞きたいんだから、やめてほしい」とクレームをつけられる始末だったそうだ。

見栄を張って登録者数を増やしても無意味だというのは、そういうことだ。YouTubeでもFacebookでも何でもそうだが、フォロワー数をやたらに増やす裏ワザは確かにある。そのテクニックを教えるコンサルタントなんかもたくさんいる。

でも、私たちは別にユーチューバーになりたいわけじゃない。いくら登録者数が増えたって、商品を買ってくれなきゃ意味がないんだ。

竹細工店の社長はそのことに気づいたから、今は音フェチの意見は気にせず、商品を売り込んでいくスタイルのチャンネル運営に変えている。これまで通り、竹細工や自社商品のよさを伝え、着実に売上を増やしている。

登録者数で一喜一憂しなくていい。中小店なら、2000人もいたら十分だよ。そこにちゃんと売り込めば、ちゃんと売れるんだ。

Vol.
8

中小店のネット販売戦略④
動画で紹介する商品はかぶってもいい

ネット販売戦略の４つめ。

サトーカメラでは、各アソシエイトがそれぞれ出演番組を持っているが、自由にしゃべらせ、自由に売らせることを大事にしている。売り方を統一したり、マニュアル化したりするのは避けるべきだ。説明する人間が変われば、説明の仕方も推すポイントも変わってくるのが面白いんだからね。

だから、**動画でオンライン販売する商品は、かぶってもいい**。同じ商品を何度も宣伝・販売すると、お客さんに嫌われるんじゃないか……という声をよく聞くけど、むしろ同じ商品を複数のスタッフが集中的に販売したほうがいい。

これは、視聴者の心理になれば理解できるはずだ。気になる商品については、いろんな人の説明を聞いてみたいと思うのが人間の心理だ。

動画を見ていいなと思ったけど、まだ購入を迷っているときに、他の人の話も聞いてみようと思って別の動画を見て、出ている人がまた違う視点からその商品をほめていたら、「やっぱりいい商品だな。よし、決めた！」となりやすい。

多くの映画評論家が、同じ映画を別々の視点から評価しているのを見聞きすると、もう一度その映画を見たくなる、あの感覚だ。

型番商品を番組名にすれば、SEO対策にもなる

しかも、そうやってお客さんが同じ商品で違う動画を再生してくれると、その商品の動画の再生回数がどんどん増える。すると、検索表示が上がってくる。というのは、動画のタイトルには必ず型番商品名を入れておくからだ（詳しくは第5章）。

品揃えの観点から見ると、売り場で商品がかぶることは最悪だ。だから、ネット販売でも商品を変えるべきだと考えがちだ。

でも、実際は違う。**動画は同じ商品でガンガンやるほど、ガンガン売れる。**同じ商品で

たくさん動画があるということは、お客さんにとって入り口が多いということだからだ。そのぶん検索にも引っかかりやすくなるし、「違う人のも見てみよう」と再生してくれる。つまり、販促とSEO対策を同時にやれるわけだ。

ただしこれも、もともと店頭での接客技術が高いからできることだ。商品知識の乏しいスタッフで頭数だけ揃えても、動画の再生回数は上がってこない。

37ページのピラミッドの図で言えば一番上のハイタッチ、つまり店頭でやっている1対1の接客を、オンラインでもそのまま、出演者全員で再現すること。それがネット販売を成功させるコツだ。

Vol.
9

中小店のネット販売戦略⑤

ECサイトは自社で運営する

中小店のネット販売戦略の5つめは、ECサイトは**自社で所有して、自社で運営する**ということ。少なくとも、最初からAmazonや楽天に出店するのはおすすめしない。

不況時の戦い方の基本は、「コストをなるべくかけないフォーマット」で、新しい販路を広げることだ。

これまでは売上を上げるといえば、既存の顧客に新しい部門の商品を売っていくやり方が多かった。そうすると、仕入れが発生する。在庫ロスが生じる。展示品の販売ロスも織り込まなきゃならない。不況期に、新しく経費をかける余裕はないだろう。

繰り返すが、これから売上30％減の時代が来る。それをカバーするためのネット販売戦略だ。とにかく、「オンラインで商品とお金を動かす」感覚を覚え、まずは総売上の1割

不況期の販路の広げ方

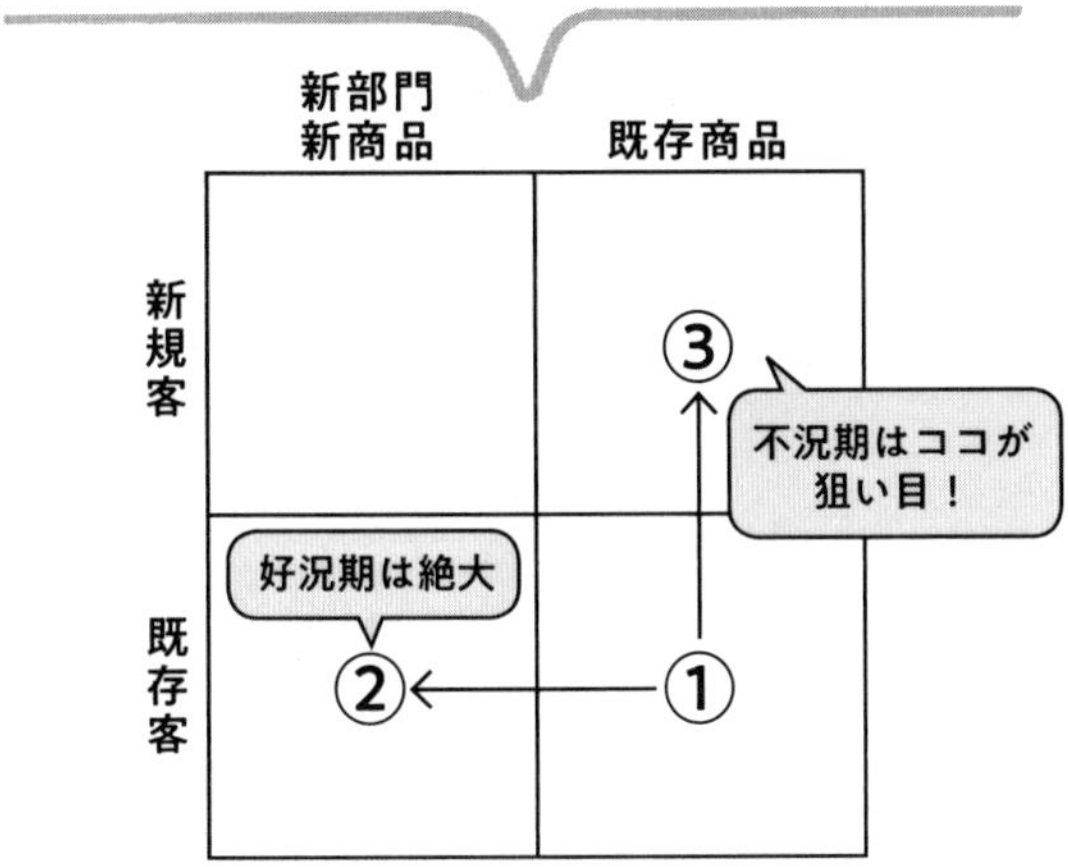

をオンラインで売れるようになろう。

そのためには、自社で行ない、ノウハウと経験を積み重ねていくことが必須だ。

みんな、形を整えれば、自然に売上がついてくると思っているんだよね。だから、そういうシステムを用意しているネット通販プラットフォームを頼っちゃうんだ。Amazonや楽天に出店すれば、お客さんの母数は大きく増えるかもしれないが、大手ネットショップに埋もれて売上も上がらず、ノウハウも経験も蓄積されないまま、マージンを取られるだけだ。

それだと2年3年経っても、何にも残らない。現場が育たないし、儲けも大して残らない。そりゃ、そうだよ。どこの世界に売上の15％を持っていかれて発展できる商売があるの。

ジャパネットたかただって、最初から今みたいなシステムと物流体制を持っていたわけじゃない。自ら考えてトライして工夫を重ねた結果が今の姿なんだ。

みんな、現在の結果を見て「あれをやればいいんだ！」とわかった気になるけど、中小店が真似をするなら、大手の10年前、20年前、30年前の姿を真似しなきゃ。

それだって単にコピーするだけじゃ「真似ぶ＝学ぶ」にはならない。自ら実践して試行錯誤するから、いろんな経験やノウハウが頭の中でつながっていくんだ。

外部に頼っていると、結局はノウハウが社内に蓄積されない。

「今ある経営資源を徹底的に掘り起こす」ということは、「ノウハウも経験値も、もう一度自社に取り戻す」ということでもある。このことを肝に銘じてほしい。

プロローグで元楽天のシニアディレクターの先生と物別れに終わったと書いたけど、今思えば、神谷君と勇士が追放したみたいなものだ（笑）。

とにかくそれで、私たちは誰にも頼れなくなった。いよいよ自分たちでなんとかしなきゃいけない。それで苦し紛れで始めたのがYouTubeだったわけだが、その話は第5章でたっぷりするとして、ここで少し神谷君のことについてお話ししよう。

今でこそサトーカメラのオンライン事業部長であり、サトーカメラ公式チャンネルの“中の人”として裏ボス的存在の神谷君だが、もともとの彼は落ちこぼれ社員だった。

2000年、サトーカメラがリアル店舗の展開に力を入れていた時代に入社して、5年経って県南地区の店の店長をやらせていたが、私が週末に見に行くと店の内外はゴミだらけ。「何だ、これは。掃除くらいちゃんとしろ」と指導して翌週来たら、全然やっていない。10万円もするような取り寄せ商品が、そのまま床に置いてあったりする。

「商品を床に直に置いちゃ駄目だろ。お客さん取りに来ないの？　連絡した？」

「あ、忘れてました」

万事、そんな調子だった。

そんなことを3回も4回も続けられたら、いい加減こっちも考える。このまま任せていたら、店が駄目になる。お客さんのためにならない。

業を煮やして、私が現場介入すると、「僕がやりますよ」と、いけしゃあしゃあと答える。その白々しさが頭に来て、私はつい怒鳴りつけてしまった。

「お前はもう店長じゃない!　失格だ!　いい加減にしろ!」

今となっては問題表現だけど、その瞬間は本当に腹立たしい気持ちだった。

神谷君は「あっ」という顔をして立ちすくみ、彼の中で何かが変わったと思う。ただ、現実の行動は急には変わらない。ついに私は彼を店長から外して本部に連れてきた。そして、パソコンが得意だった彼をホームページとECサイトの担当者に任命したのだ。

彼はそれからHTML言語とかを独学で身につけて、当時の商品部と一緒に、今の形の satocame.com をイチからすべて、作り上げてくれた。

今はいろいろな技術が身近になってそんなに珍しくないが、技術者でもない普通の人がホームページを作るというのは、当時はなかなかのことだったと思う。

2018年に、神谷君と一緒にオンライン事業を任せた息子の勇士は以前、大手IT企業にいたから、それなりの技術知識がある。その勇士に、

「神谷さんは技術職のITスペシャリストを超えて、ITゼネラリストとして総合的に理解している。マジですごい人だよ」

と言わしめたのだから、大した奴なのだろう。

ただし、彼は「店長では使えなかったオタク」だ（笑）。パソコンいじりが得意なのと、ネットで商品を売ることが得意なのとは違う。どうやって、オンライン事業部がブレイクすることになったかは、第2章でお話ししよう。

第2章

主力商品と集客商品を見直そう！
リアル×ネットの「商品」の考え方

Vol. 1

リアル地域密着店の「単品一番商法」

ネット販売戦略は、リアル店舗での売り方がしっかりできて初めて効果を発揮できる。ネット販売戦略の具体的なノウハウに取り組む前に、まずは自店の商品を一度見直すことから始めよう。

その中核になるのが、私が以前から伝えている「**地域一番化戦略の単品一番商法**」だ。

図で説明しよう。次ページ図の縦軸が**価格帯（客層）**、横軸が**売れ個数（客数）**だ。

「数量が売れる低価格帯アイテム」が集客商品。サトーカメラで言えば、消耗品的商品の写真プリントだ。「数量は少ないが高価格帯のアイテム」が主力商品。趣味嗜好性の高いカメラがそれに当たる。

リアル地域密着店の商品構成は、**集客商品でお客さんを集めて主力商品につなげる**のが

「集客商品」と「主力商品」

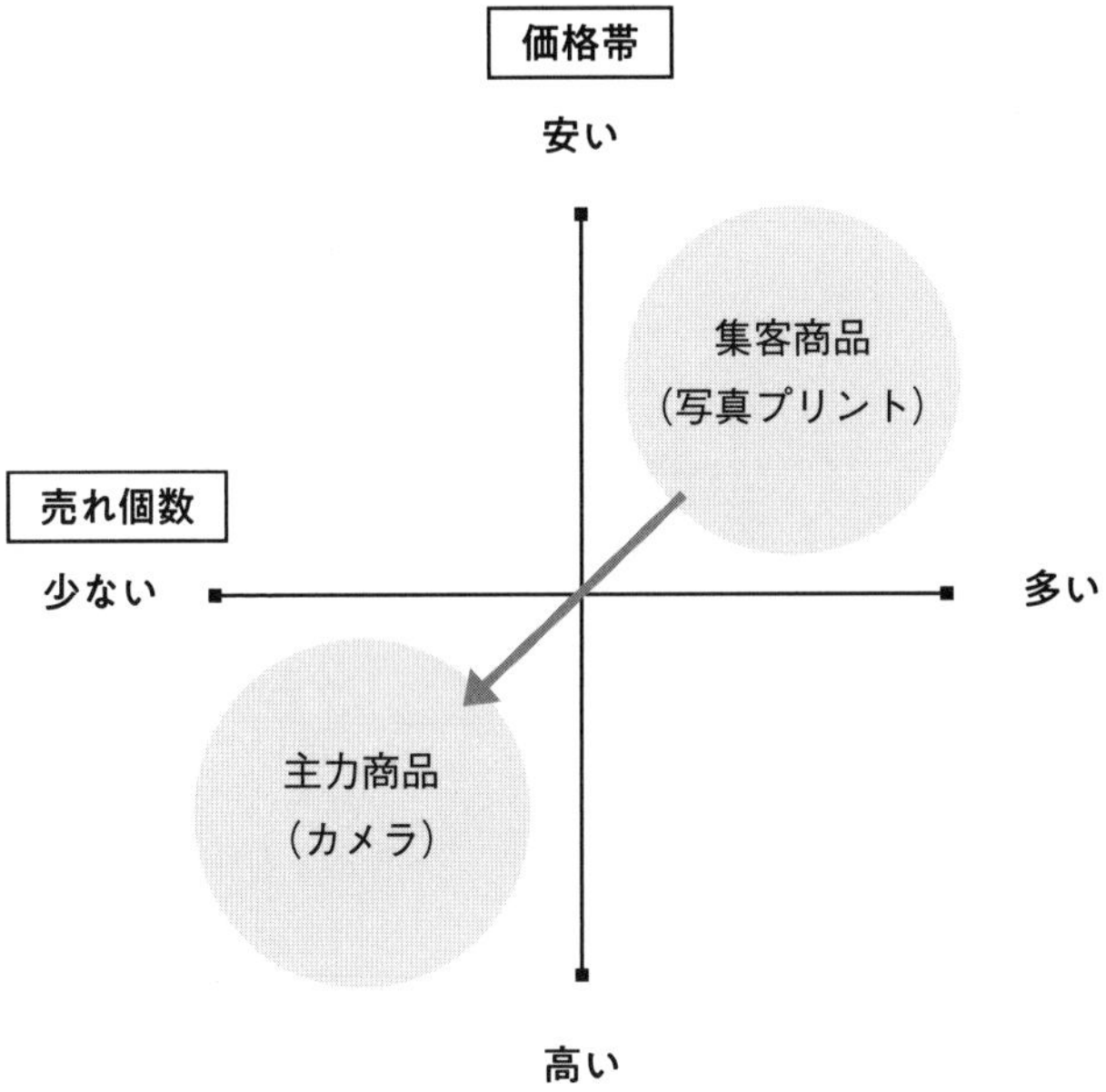

基本だ。

しかし、私は2011年頃から主力商品のカメラはもうやめたいと思っていた。というのも、商品の粗利率が10～15％程度が相場のカメラ業界では、1アイテム100台仕入れたら90台売ってやっと仕入先に支払いができる状態だった。あと10台必死に売り切って初めて利益が出て、給料と家賃が払えるレベル。

それでも、展示品に回したぶんは捨て値で売るから、営業利益は1％も残らない。キャッシュフローで見ても、やっていられないわけだよ。

そもそもリアル店舗は客層が商圏内に限られてしまうし、今はカメラ店は昔ほどビジネスとして成り立たない業態になって、どんなに頑張って、これ以上売ろうとしてもかなり厳しくなってきた。同じような思いをしている人は、カメラ業界以外でも、たくさんいると思う。

➜ 集客商品を主力商品レベルに育てる

そこで私は、同じ労働集約型店舗ビジネスであるスターバックスコーヒーのようなビジネス展開はできないか？　と考えた。スタバは、もともと主力商品のコーヒー豆を売るための集客商品だった「店内で淹れる1杯300円前後のコーヒー」でビジネスを成功させた。つまり、集客商品が主力商品レベルになったというわけだ。

そこで見直したのが、集客商品の写真プリントだった。**集客商品を主力商品レベルに育てて収益の柱にしようとした**のだ。

そのために品質に徹底的にこだわり、L判1枚50円という日本一高品質の「スペシャリティ写真プリント」に育て上げた。2010年代はアベノミクスのおかげで緩やかながらも右肩上がりの経済が続いたから、それに合わせてじわじわと商品の「高品質＝高単価化」を進めたわけだ。

それで気づいたら、写真プリントのマーケット全体の「上グレード」のシェアは9割以上押さえた代わりに、お客さんの全体数の8割がいる「中」以下のシェアがほとんどない店に変貌していってしまった。気づいたときには、「中グレード」にかけては他の写真店が、「下グレード」はコンビニのプリントが、「下下グレード」は格安ネットプリントが完全に押さえていた。

商品価格のグレード

上上	写真館での記念撮影など	マーケット 5%
上	サトーカメラのスペシャリティ写真プリント	17%
中	競合店の写真プリント	34%
下	コンビニエンスストアのマルチコピー機	32%
下下	格安ネットプリント	12%

→ 上グレードの9割はマーケットを押さえたが、そもそも客数が少ない

客数の８割

それが2018年のことだ。私は「ヤバい」と思ったね。見せかけの好景気は2020年頃には終わる、と思っていたからだ。同一労働同一賃金を始めたり、時給を上げたりしても、働き方改革の名の下で残業が減り、休みが増えて、結局、私たち庶民の給料は上がらない。それどころか、下がったという声も多いような中でのインフレだから、間違いなくスタグフレーション（景気が悪いのに物価が上がる経済現象）が起きる。

すると、何が起きるだろうか。「上グレード」のモノの価値がわかるお客さんが、グレードを下げて価値の低いモノを買うようになるのか？　それとも、同じ価値のモノを買うけど、買う回数が減るのか？　いずれにしても、店の売上が落ちることは確実だった。

モノの価値を知っているお客さんに対して、価値は下げられない。一方で、お客さんは同じ価値のモノを安く買える店を求めて動き始める。そこで、価値あるモノがワンランク下の価格帯で買える時代が来る――ということを私は考えた。

そこで立ち返ったのが、集客商品の見直し、すなわち「単品一番商法」だったわけだ。

「もう一度、写真専門店としてL判プリントの全価格帯を根こそぎ獲りに行こう」

そう決めた私は、写真プリント部門の最大ボリュームゾーンである「写真プリントL

判」という単品に絞り込み、商品の再編成に着手した。

L判1枚50円の「上グレード」のみだったラインナップに「中グレード」39円を加えて、競合写真店対策とした。同じ発想で、写真館対策の「上上グレード」100円、コンビニエンスストア対策の「下グレード」29円、ネットプリント対策の「下下グレード」19円も加えた。集客商品である写真プリントL判の全価格帯を網羅することで、1店舗10万人商圏で年間2億円あるマーケットの全客層を根こそぎ獲りに行くようにしたのだ。

少し前までは「スペシャリティ写真プリント」という高品質グレードの高価格帯商品を売る店が、大衆向けの価格帯商品を用意することになったのだから、お客様からの支持率が上がるのも当然だった。

コーヒーのマーケットと比較すると、写真プリントは10分の1以下の小さなマーケットだ。単品の全グレードを獲りに行くことで、写真プリントの商圏内販売シェアを事実上全部押さえることができる。

それが「写真といったらサトーカメラだよね」と、地域の人たちの認識に変化を引き起こす。これこそが「地域密着ブランディング」の基本だ。

集客商品の全価格帯を押さえて主力商品化

上上	プロ仕上げ写真プリント（Ｌ判1枚 100 円）
上	スペシャリティ写真プリント（Ｌ判1枚 50 円）
中	プレミアム写真プリント（Ｌ判1枚 39 円）
下	エコノミー写真プリント（Ｌ判1枚 29 円）
下下	ネットプリント（Ｌ判1枚 19 円）

全価格帯を根こそぎ網羅して、Ｌ判プリントの全客層を狙っていく！

Vol.
2
ネットで生まれた商品がリアル店舗で大当たり！

写真プリントを集客商品から主力商品に育てた翌年、２０１９年の終わり。オンライン事業部が「プリ放題®」というサービスを始めた。50枚まで写真プリントし放題で、９９０円。サブスク（サブスクリプション。月額課金・定額制のサービスのこと）をヒントに、商品化したらしい。

写真プリントは、今やオンラインで1枚から注文できる。ただ、1枚単位で注文を処理して、プリントから発送までできるようにするには、システム開発に多額の資金がかかる。だから大手がシステム開発をして、中小の写真店は高い使用料を払ってシステムを使わせてもらっているのだ。

サトーカメラでは、そんな予算をかけるのはもったいないから、どうやって勝負するかを考えた。そして、「今あるシステムを使って、ある程度の枚数をまとめて扱えれば、大手ともそこそこいい勝負ができる」という結論に行き着いた。それで「プリ放題®」として新サービスを売り出したところ、ヒット商品となったのだ。

ヒット商品はどこから生まれるかわからない

でも、オンライン事業部はそれをリアル店舗と共有しなかった。別に意地悪で教えなかったのではない。事業部としては、少ない資源の中、「あれは無理、これも無理」という消去法で編み出した苦肉の策で、今あるモノを活用しただけで、結果も含めてまだ報告するレベルではない、と考えていたのだ。

しかし、私はこれをリアル店舗でも共有しない手はない！ と思った。

考え方としては、「居酒屋の飲み放題」だ。今ある大手居酒屋チェーンはどこも「飲み放題」を仕組み化して成功した。昔の居酒屋は、1杯ずつ注文を受けるのが普通だった。そこに「飲み放題」を取り入れたことで、現場がラクになって、人を減らせて、しかも客単価がアップした。そうやって居酒屋がチェーン化し、全国展開していった。

この成功を知っていたから、「写真業界にとっては世紀の大発明だ！」と思ったわけだ。

最初は、現場のアソシエイトはピンときていない様子だったが、いざ「プリ放題」をリリースしたところ、リアル店舗でも大当たり。お客さんは20枚もプリントしたら元が取れるから、「これも、これも、これも頼んじゃえ！」と、ガンガン注文してくれる。今までは2時間がかりでお客さんと一緒に写真を選びながら、やっと20枚注文してもらうといった接客をしていたが、その必要もなくなった。

リアル店舗は大喜びだ。現場の負担が劇的に減ったうえ、客単価が大幅にアップしたんだから。今は、「プリ放題®」が写真プリントの売上全体の5割を占めているほどだ。

1枚単価で見れば集客商品のモノが、売り方を変えることで完全に主力商品に生まれ変わった。優れたアイデアは社内のどこで生まれるかわからないのだ。

Vol.
3

ネットとリアルは売れる商品が違う

ちなみに「プリ放題®」、その後全国から受注が増え、オンライン事業部でさらに売れ行きが伸びたかというと、実はそれほどではない。リアル店舗だとホームランなのに、ネットではヒット止まりというのは、**ネットとリアルでは売れる商品が違う**からだ。

とはいえ、「世紀の大発明」をそう簡単にはあきらめない。私たちは「プリ放題」でネットとリアルの融合を本格始動させた。**リアル店舗の既存のお客さんに、ネットでプリ放題を注文することを徹底的に推奨した**のだ。

ＬＩＮＥ公式でも「プリ放題®」を常時案内した。いつものお客さんが24時間、いつでもどこでも、それこそ旅行中でも、子供を寝かしつけたあと自宅でお酒を飲みながらでも、自分のペースでのんびり、いつものサトカメにいつもの「プリ放題®」がスマホで注文できるからだ。

しかも、都合のいい時間に、店舗で商品のピックアップ（受け取り）ができる。また、店舗ではマスキングテープなどデコレーション素材の無料使い放題コーナーがあるので、お客さんは店舗滞在時、ゆっくりとアルバムを作る時間だけに当てられる。

リアルとネットの融合によって、「店舗は買い物をするところ」という利用スタイルが、新たに変わりつつあるのだ。

売るのをやめようとしたはずのカメラがネットで売れた

そして、オンライン事業部はその後、高額商品・型番商品のカメラを売ることに成功したというのは、「はじめに」や第1章でもお伝えした通り。マージンを取られるプラットフォームを通したり、有料広告を打ったりしないぶん、時には日本一安く値づけすることもできた。

もちろんメーカーからはチクチク言われるけど、私たちからしたら、別に無理して安くしているわけじゃない。トータルで見て利益を取れる価格で出してみたら、瞬間的に一番安かっただけだ。商業者としてお客さんのためにするべき工夫をした結果だ。

２０２０年1月に「カメラ販売をやめます宣言」をしたばかりだったが、その舌の根も乾かぬうちに、もともと主力商品だったカメラが、ライブコマースという新たな販売フォーマットを得て、その年の6月には再び主力商品の座に返り咲いていた。言わずもがな、コロナ禍の真っ最中にもかかわらず、だ。

これは本当に意外な結果だった。だから、皆さんも商品に対してあきらめなくていい。リアルとネットの融合で、販売の局面を変えたら、復活する可能性は十分ある。

この「局面」の考え方に関しては、第5章1項で詳しく解説していく。

Vol. 4

ネットとリアルのマーケットサイズはそもそも違う

例えば、全国で年間１００万台売れる「国民的アイテム」を自店が取り扱っているとする。その商品が商圏人口１０００万人の地域で年間８万台、１００万人商圏で年間８０００台、10万人商圏で８０００台、１万人商圏では80台売れていることになる。

現実的には年間１００万台売れるアイテムはそうは生まれないから、地方の小商圏では、リアル店舗で売上を伸ばしていくのはかなり厳しい。

しかし、年間１００万台売れる商品のうち10％がネット通販に流れると、どうだろう。その中のたった１％でも販売シェアが取れれば、１０００台は売れる（１００万台×10％×１％＝１０００台）。

これは中小店にとっては半端ないボリュームになるわけだ。

そうやって好材料を確認したら、まずは大枠で構わないから、売りたい商品の年間消費量または年間消費額を調べてみよう。

各業界で出されている出荷台数でもいいし、年間消費額でもいい。部門別でも単品別でもアイテム別でも構わない。

例えば、ある部門で年間消費額2000億円という数字が出ていたならば、日本の人口1億2600万人で割り算すれば、1人あたりの年間消費額は1587円だ。

リアル店舗の場合、自店の商圏人口が10万人なら、商圏内の年間消費額は1億5870万円。うち10％の1587万円はネット販売に流れると考えると、残り90％の1億4283万円を、商圏内の競合店と取り合いすることになる。

かたやネット販売は全国相手だから、2000億円マーケットの10％と考えると、200億円を取り合いすることになる。その中のたった1％を取れば、2億円。全国のネット販売業者が競合になるとはいえ、そもそもの市場が1億4283万円と200億円とでは全然違う。

ネット販売で50％シェアを実現した農機具店

ここで、リアル地域密着店の具体例を紹介しよう。

私の支援先に、商圏人口10万人の農機具店がある。

全国で年間10万台が売れている、Aという農機具。うちネットで流通しているのは10％の年間1万台だが、実は、そのうちの5000台をこの農機具店がネットで売っている。なんと、50％のシェアだ。

なぜ、これほどのシェアが取れるのかというと、ネット販売の大手は年間販売台数1万台以下の商品にはそもそも力を入れないからだ。要は、Aという農機具は大手にとっては「おいしくない」商品で、中小店がシェアを取るチャンスがあったというわけだ。

大手にとっては少ない台数でも、中小店にとっては大きな台数となる。このギャップを狙うのが、中小店のネット販売戦略の鉄則だ。**中小店は1万台以下の型番商品が狙い目**なのである。

仮にこれをリアル店舗だけで売ろうとすると、どうなるだろうか。

この農機具店の商圏人口は10万人だから、商品Aのマーケット規模から換算すると、全国の0・08％にあたる。商圏人口10万人では年間80台、そのうち1割の8台はネット販売に取られるわけだから、リアル店舗では年間で72台ぽっちを地域の競合他社と取り合うことになる。

同じ商品でも、**リアル店舗とネットではマーケット内でのボリュームが全然違ってくる**のだ。

Vol. 5

商品の既存セオリーを疑え

支援先にネット販売戦略を教えていると、さまざまな思い込みにとらわれている、と感じることがある。この思い込みから抜け出さない限りは、リアルでもネットでも、売れる商品が売れなくなってしまう。

ここでは、商品の既存セオリーに関する、よくある誤りについてお伝えしていこう。

型番商品は「不利」なのか？

「うちのは型番商品なんです。ネット通販では不利じゃないんですか？」

支援先では、こういう疑問がよく出てくる。

型番商品は、ネットで調べれば他店の販売価格がすぐわかる。ハンドメイドやクラフトなどの非型番商品に比べて、競合店と比較されやすいことは確かだ。だから、「型番商品はネットでは不利」というのが従来の常識だった。

だが、私たちのネット販売戦略は、むしろそれを逆手に取る。

型番商品は比較される。ならば、**一番安くすればいい**。

中小店でも、安くできるだろうか？ **自社サイトで売れば、できる**。

一度、シミュレーションしてみたらいい。自店の高額商品で粗利率を20％から10％あたりに設定して価格を計算してみよう。そして、その販売価格を楽天や価格ドットコムなどに出ている同一商品の販売価格と比べてみよう。たいていは、自店のほうが安くなるはずだ。

ネット通販ほど「業界最安値」が、他の要素に干渉されずにお客さんを動かすマーケットは他にない。

だから、**まずは型番商品の高額商品から始めよう**。

「在庫は必要」なのか？

今までのECは、Amazon や ZOZOTOWN などの巨大な倉庫に象徴されるように、物流の速さが追求されてきた。そのためには在庫を確実に用意して、注文が入ればすぐ流せるようにする必要があった。

でも、中小店は在庫を多数抱えることはできない。というか、むしろ**中小店のネット販売戦略に在庫はいらない**。注文を受けてから仕入れればいいのだ。

注文が入ったら即日発送できるようにしなければ駄目だと思い込んでいるのは、今までの常識にとらわれているからに過ぎない。

でも、常識は変わる。特に高額商品とか趣味嗜好性の高い商品の場合、お客さんは注文してから3日〜1週間、商品によっては1カ月、問題なく待ってくれる。待つのもひとつの楽しみだからだ。

実際にサトーカメラでも、「届くのが楽しみです」というメッセージがよく来る。

今はむしろ、「普通のオンラインショッピングはあっさりしすぎで楽しくない」と感じ始めているお客さんが増えているのではないだろうか？

例えば、海外旅行でワクワクがピークなのは、出発の3日前〜2週間前と言われている。それと同じで、高額商品とか趣味嗜好性の高い商品がインスタントに届いたって、楽しくない。「お楽しみ時間」を時短化されたら、お客さんは満足できないのだ。

今の時代には、**「待つ楽しみ」を味わえるショッピングも、お客さんにとっては希少価値かもしれない**。

だから中小店のネット販売戦略は、極論を言えば、注文販売でも構わない。「すぐ届かない」を「待つ楽しみが味わえる」に変えていこう。

みんな勘違いしがちなのは、「SNSで発信」とか聞くと、自分のキャラを売ろうとするんだよ。キャラが立たなきゃ見てもらえないと誤解しているから、商品そっちのけで、自分を売り込むためのパフォーマンスに走ってしまう。
でも、お客さんは商品の情報が欲しいんだ。
あなたのことが見たいんじゃない、商品が見たいから、動画を視聴してくれるんだ。
お客さんと店は商品でつながっている。極端に言えば、売る商品がなければ、あなたはいらないんだよ。

余計なキャラ立ちはいらない。商品を発信しよう。商品を売ろう。その先に、「△△と言えば、○○さん」というキャラがついてくる。
ジャパネットたかたの髙田社長だって、あの強烈なキャラがみんなに広まったのは、社長が本気で魂を込めて商品を売っていたからだよね。

第3章

今あるツールを使い倒す！
ネット販売戦略はじめの一歩

Vol. 1

お客さんは1カ所に集める

ネット販売を実践しよう！　といっても、何も新しく事業を立ち上げ、新しくスタッフを配置し、新しいツールやシステムを導入したりしなくてもいい。

1章でも述べたように、すでに皆さんも何らかのネット販促を行なってきたと思う。だから、最低限、ホームページやSNSアカウントはあるはずだ。

それらのほったらかし状態になっているツールを掘り起こし、リアル店舗で行なってきた接客販売につなげるだけでも、「新たなネット販売」だ。そもそもほったらかしで活かせていなかったんだからね。そういうふうに考えれば、心理的なハードルがグッと下がるんじゃないかな。

それくらいの気持ちで臨むことで、ネット販売を始める前に抱きがちな疑問や不安も解消できると思う。まずは〝国民的SNS〟であるLINEから活用を始めてみよう。

LINE公式に一本化

1章でも述べたように、サトーカメラでは、とにかくお客さんにLINE公式アカウントに登録してもらうようにしている。

LINE公式は他のSNSと違って、**お客さんに検索して見つけてもらう「待ち」のツールではなく、登録してくれたお客さんにこちらから情報が発信できる「攻め」のツール**だ。サトーカメラでは、以前はハガキDMやチラシやメルマガでお知らせしていた商品・イベント情報の他、4章で述べるYouTubeチャンネルの情報（生配信の告知など）をLINE公式で発信している。もちろん、メールや電話と同じように、お客様との直接のやり取りにも使っている。

でも、LINE公式に登録してもらうのは簡単なことではない。

サトーカメラでは、**お客様が目にするモノ・場所には必ず、LINE公式の会員募集の告知文とQRコードを掲示する**ようにしている。ホームページはもちろんのこと、店頭で手配りしているチラシ、YouTubeの動画の概要欄にも募集をきっちり載せて、登録して

サトーカメラ YouTubeチャンネルの動画概要欄

YouTube JP　検索

■大人気！写真プリントするなら"プリ放題"
☆990yenで写真がプリントし放題!!!
☆LINEでかんたん注文（PCからもできます♪）
・Lサイズ
→https://satocame.com/print-unlimited2...

■オート先生に写真を教えてもらえる！オンラインワークショップ
初級編
→https://www.shop-satocame.com/shopdet...
写真添削編
→https://www.shop-satocame.com/shopdet...

■オート先生の出張写真講座承ります☺
規模やご予算など相談に応じます
→ https://goo.gl/forms/l0O4ur2l7cMLJ67p1

他SNSのフォローもよろしくお願いします

【サトーカメラ公式】
Twitter
→ http://twitter.com/satocame
Facebook
→ https://www.facebook.com/satocame
公式LINE
→ https://line.me/R/ti/p/%40huz7273f
instagram
→ https://www.instagram.com/satocame.ja...

【オート先生】
Twitter
→ https://twitter.com/AUTO3100
Instagram
→ https://www.instagram.com/satohide1018/

LINE公式はもちろん、各サイトに誘導するためのリンクがぎっしりもらえるよう誘導している。

あらゆる手段で、できるだけ取りこぼさないように登録を促しているが、それでも実際に登録してくれるのは全顧客の10～20％くらいだ。これを最低でも30～40％に引き上げるためには、追い打ちをかけるくらい、しつこくお知らせしていくことが大事だ。

例えば手配りチラシは年代や男女別に複数のパターンを用意し、相手によって渡すチラシを変えている。このくらい工夫しないと見てもらえないし、ましてや登録なんて、絶対にしてもらえないからね。

新規客への販促としても効果的

ＬＩＮＥ公式は新たな顧客層へのアプローチにも最適だ。

私の支援先でこんな事例があった。35年以上、地元に愛され続けてきた地域密着型スーパーマーケット。常連客の高齢化が進み、毎年10％の客数ダウンを余儀なくされていた。

若い世代のお客さんはどこにいるか？　を考えた結果、このスーパーマーケットは、地域の保育園・幼稚園で、「ＬＩＮＥ公式に登録すると卵1パック無料」というキャンペー

サトーカメラの手配りチラシ

「写真プリントLサイズ10枚」プレゼントでLINE登録を促している

ンチラシを手配りすることにした。手配りなら面と向かって渡すから怪しまれることもないし、その場で会話も弾む。

そうやって登録数を底上げしてから、まずは店内の様子や商品の情報をＬＩＮＥ公式で伝えていった。いきなり足を運んでもらうのではなく、お店を意識させることでハードルを下げることから始めたわけだ。

これを続けた結果、これまで新聞の折り込みチラシくらいしか販促手段がなかった老舗スーパーが、ＬＩＮＥ公式を活用することで客数は20％の純増。特に、目当てだった20代～40代の若いお客さんにいたっては全客数の30％を占めるまでになった。

手配りチラシという〝アナログの極致〟といえるツールによってＬＩＮＥ公式に登録してもらい、ＬＩＮＥ公式での情報発信によって来店してもらう。まさに「リアルとネットの融合」だ。

「どうせ登録してもらえないから」「どうせ情報発信しても見てもらえないから」と、あきらめていなかっただろうか。「やり方次第では決してそんなことはない」ということを、ぜひ知ってほしいと思う。

Vol.
2

お客様からの問い合わせに直接対応する

お客さんからの問い合わせには、**担当者が直接、自分で対応する**ことが基本だ。その際のツールとして、LINE公式は活用できる。

お客様とのやり取りをLINE公式に集約しておけば、スタッフ全員が見ることができるから、相互チェックで対応漏れが防げる。人間だから完璧に防げるということはないが、個人しか見られないパソコンメールよりも見落としのミスは防ぎやすい。

「でも、どのスタッフに向けた問い合わせか、わからなくなるのでは？」

と疑問に思うかもしれないが、問題ない。サトーカメラでは、基本的に、お客さんの問い合わせは名指しで来るからだ。

顔見知りの常連客はもちろんのこと、

「**質問がある方は、○○まで聞いてくださいね！**」

とお願いしておけば、お客さんは名指しで問い合わせをしてくる。

たまにお客さんのほうで名指しを忘れても、コメント欄などでやり取りをしているから、「あっ、あのとき私が生配信で接客した○○さんだ」という感じで、担当者が返信している。

ネット上のお客様対応は、通常の企業は専任担当者をつけるが、あれをマネしてはいけない。中小店は担当者が直接対応してくれるのがメリットだ。

それに、お店にとっても、お客さんにとっても、一番効率的なやり方だ。自分が何を話したかは当人が一番よくわかっている。だから、

「○○って、この前説明した、あのことについてですよね」

「そう、それよ」

「あれはですね、かくかくしかじかで……」

といった感じで、スムーズにご案内できる。テンポよく対応すれば、クロージングにもつながりやすい。この効果は想像以上だから、ぜひ実感してほしい。

Vol. 3

ネットだから24時間対応しなきゃダメ？

ネット販売を始めたら、24時間、昼夜関係なく対応しなきゃいけないと思っている人は多いと思う。

実際はそんなことはない。サトーカメラでは、ＬＩＮＥ公式の対応時間は基本的に9時〜18時（土日祝日含む）に設定している。お客さんから質問メッセージが来ると、

「スタッフが対応しますので、しばらくお待ちください。営業時間外または混雑している場合、すぐに返信できないことがございます。あらかじめご了承ください。営業時間は9時から18時までとなっています」

というメッセージが自動返信されるような設定にしているのだ。

動画でも、基本の営業時間をアナウンスしているから、即時対応でなくてもお客さんは怒らない。翌朝にはちゃんと返信するわけだからね。

そうやってシステム上の設定も工夫しながら、店頭と同じ丁寧な対応を心がければ、思っている以上にちゃんと回していける。

「ネット販売ってなんか大変そう」とか、「ひっきりなしに質問が来たらどうしよう」とか思うだろうけど、実際はそんな頻繁に来るものじゃないし、来るとしても「カード使えますか？」とか、ちょっとした質問がほとんどだ。

堂々と、正直に対応。「顔の見えるEC」であれ

逆に言えば、そういう何でもない問い合わせ対応を、ホームページの「よくある質問」ページとか、AIのチャットボットとかで済まそうとするから、いつまでもたっても大手のEC会社はクレームが減らないんだよ。

最初は「問い合わせ」だったのが「クレーム」に変わるのは、**お客さんが迷ったときにちゃんと答えてくれる人がいないから**なんだ。

結局のところ、大手のECサイトは在庫をたくさん持って、1秒でも早く届けて、買い

物の利便性を追求するという発想だった。でも、そうすると、お客さんが何か少し引っかかりを感じただけで「便利じゃない！」というクレームに発展しやすいんだ。

我々中小店のネット販売戦略はそうじゃない。サトーカメラのやり方も、お客さんからしたら、大手EC事業者に比べれば圧倒的に不便なことだろう。

でも、私たちは店頭と同じように、アソシエイトがお客さんを楽しませながら買い物をしていただく「1対1の接客」を再現している。

だから、納期が予定より少し遅れても、担当者が「ごめんなさい、メーカーの出荷が少し遅れておりまして」と正直にお詫びをすれば、「大丈夫です。楽しみに待ってます！」とお客さんは納得してくれる。

第一、どうしても急を要する商品だったり、今すぐ欲しい商品の場合は、お客さんは最初からAmazonで買っているから、心配御無用だよ。

大手を真似て、システムに逃げるのはやめよう。コールセンターに押しつけるのもやめよう。**中小店のネット販売戦略は、「顔が見えるEC」「リアル店舗と同じ対応」であるべき**だ。堂々と、正直に対応しよう。

Vol.
4

オンラインのほうが親切な接客ができる？

オンライン接客販売を続けてきて不思議だなと感じることのひとつに、「**お客さんの好き嫌いがなくなる**」という現象がある。

生配信で商品を販売しているアソシエイトたちを見ていると、出演中も、それ以外の対応の場面でも、私が知っている普段の姿より親切になっているように感じる。

番組の出演から販売、梱包まで全行程を担当するというのは先に述べた通りだが、手書きで手紙を書いて同封していたりする。店頭で売るときはお互いに顔を合わせていることもあり、お礼を言って名刺を渡して終わり、なのに、オンラインだとそれ以上の対応が自然に出るみたいだ。

思いつく理由のひとつとしては、店頭では相手の顔もわかるし、生身の雰囲気もわかるから、特別親切にしなくても通じ合っている気になれるのが、オンラインの場合は「通じ合っているはずだけど、確証は持てない」という状況で物事が進むから、やれることは全部やっておこうという気になるのかもしれない。

また、ライブコマースは21時から23時頃にかけて配信しているせいかもしれない。

大体のお客さんは仕事から帰宅して、自宅でビールでも飲みながらくつろいで見ている時間帯だ。見てもらっている側としたら、「こんな夜分に見に来てくださって、ありがとうございます」という気持ちになる。すると自然に情が湧くというか、営業時間内に店頭で売るときよりも特別感があって、尽くす気持ちになるらしい。

あの感覚はちょっと不思議だ。生配信中にお客さんが入ってきたときのうれしさは、何とも言えない。皆さんもやってみたらわかると思うよ。

➜ 意外な客層が新規開拓できる、かも

だから、ネット販売に取り組む前に思いつきそうな疑問や不安に関しては、想像していた以上にトラブルなく、すんなり運営していけるというのが、ここまで続けてきた経験か

らの感想だ。

もちろん、サトーカメラでは「ルール1　お客様はいつも正しい、お客様から学ぶこと」「ルール2　もしお客様が悪いと思ったらルール1へ戻れ」という行動指針があるから、どんな問題が起きても、お客さんを排除するという姿勢は最初からない。たとえお客さんの勘違いでクレームが起きた場合でも、勘違いさせてしまったのは私たちのほうだ、という姿勢はリアルでもネットでも変わらない。

いっぽうで、ネット販売をやってみてよかったことのほうが圧倒的に多い。

お客さんの好き嫌いがなくなったのは接客面での事柄だが、会社全体で見たときの効果としては、**新規顧客を開拓でき客層が広がった**。

具体的には、今まで主婦層が多かったサトーカメラのリアル店舗では弱かった30代〜40代の男性客が増えたのだ。いわゆる、「カメラ好きのマニア」層だ。

なぜ、このタイプのお客さんが増えたのかというと、動画の撮影を担当しながら、出演者の話し相手役もこなしている神谷君がそうだからだと思う。面白いもので、「中の人」に客層が似てくるんだよね。

特にライブコマースでは、この傾向が顕著だ。詳しくは次章で解説するが、「中の人」は視聴者（＝お客さん）の代表であり、代弁者という立場だからなんだね。カメラを向けて収録・配信する他に、リアルタイムで入る視聴者のコメントを読み上げて出演者に話を振るのが「中の人」の役割だ。だから続けていくうちに自然に視聴者とシンクロしていくんだろう。

仮に皆さんのYouTubeチャンネルで「中の人」を20代の女性スタッフにしたら、お客さんも20代の女性が増えてくると思う。その意味では、新規で狙いたい客層が決まっているお店は、その客層と同じ属性のスタッフに「中の人」を担当させると面白いだろう。

Vol. 5

寝かせている自社公式SNSを起こそう

ここまでは主にLINE公式を活用する話が多かったが、Facebookや Instagram、Twitterなどの SNSアカウントを運用している会社も多いだろう。

普通の会社の公式SNSにはルールもなく、社内の若い人に丸投げ状態が多い。そこをもう一度掘り起こして整理していくことで、案外と大きな集客ツールに生まれ変わらせることができる。

サトーカメラでも、「YouTubeを使ってネット販売」「LINE公式への誘導」「リアル店舗への集客」と同時進行で動いている中で、各SNSも活用している。

サトーカメラが運用する各SNSの総フォロワー数を調べたら5万人超だった。これは、新聞折込チラシで換算すると、「チラシ5万部 × 新聞折込＝1回50万円相当分」のフォロワー数だ。さらに、アソシエイト個人でやっているSNSも全部含めたら、50万人を超える一大媒体となっていたことに気づいた。しかも、それがすべて無料。

SNS媒体のすごさに大興奮した私たちは、公式SNSの使い方・内容を戦略的にルール化することにした。

SNSは、それぞれの特性に合わせて使い分けることが大切だ。それぞれどういう使い方をするのが効果的か、サトーカメラをサンプルにして見ていこう。

・Facebook

Facebookは、**各店舗の公式ホームページのようなもの**だと思って使うのがベストだ。ホームページと違うのは、毎日更新していること。具体的には、店舗ごとに公式アカウントを持ち、1週間に最低15回以上は投稿（更新）するよう社内ルールに定めている（1日2回、週末は1日3回）。店舗ごとに広報として毎日投稿するのだから、1投稿につき100円を広告料としてインセンティブとしている。そうやって溜まったお金は、店の自由予算にしてもらっている。

発信内容は、バックヤードを含めた裏方作業や仕事ぶりを伝える写真や動画が中心だ。

普段お客様からは見えない様子を投稿することで、サービス性価値を見える化している。特に、日本での Facebook 利用者は中小企業経営者や士業、個人事業主の人たちが多いから、発信側もきちんとした仕事ぶりを見せたほうが伝わりやすい。

そのうえで、一般の宣伝情報も載せていく。キャンペーンや商品の情報、オンライン接客販売の動画のURL、そしてもちろん、LINE公式への登録を促すご案内は必須だ。

サトーカメラでは、常連のお客さんに向けて、店舗の「空き具合」を投稿している。普通ならお店の賑わいを投稿すると思うだろうが、「今の時間帯、空いています」と投稿することで、アソシエイトの接客を受けながらゆっくりお買い物していただける。特にコロナ禍では、利用客にとってありがたい情報のひとつだ。

もうひとつ付け足すならば、サトーカメラの場合、全アソシエイトがアカウントを持っていて、社内の報連相や情報共有はすべて Facebook で管理している。

・Twitter

Twitter は、Facebook よりも拡散力が強い。

サトーカメラでは Twitter は、サトーカメラ全体の公式 Twitter アカウントと、アソシエイト個人が持っているアカウントで個々にツイートしている。

アソシエイト個人のものは、内容は自由で、タレントのように他愛もないつぶやきが多い。その中でもYouTubeに出演しているアソシエイトのTwitterは想像以上に多くのファンがフォローしてくれている。

サトーカメラ公式Twitterでは、Facebookと同様、仕事の様子を投稿している。

・Instagram

Instagramは、ハッシュタグ検索がメインのSNSだ。サトーカメラの商品――カメラや写真――とは相性がいい。

Instagramは「世界観」が特徴の媒体だから個人の発信に向いていて、公式の情報発信は馴染まない。ただし、ハッシュタグ検索を上手に使えば、実に効果的で面白い。特に、自店の顧客層が10～20代の女性客がメイン客だったら、Instagramは最重要ツールになる。

使っていくうえでのポイントは、いわゆる「インスタ映え」する商品の写真で発信すること。そのためには検索してもらいやすいハッシュタグキーワードをつけることだ。

「インスタ映え集客」を図るために重要視しているのが、**1万～10万件の投稿があること**

を目安にハッシュタグキーワードをつけること。

ハッシュタグが1万件以下だと、検索する人が少なすぎて反響が薄い。最低でも1万件以上の投稿があるハッシュタグキーワードをつけよう。逆に、10万件を超えるハッシュタグ投稿だと多すぎて、類似の投稿に埋もれてしまうので要注意だ。

サトーカメラの場合、写真をアップすると、「これを撮ったの、どこですか？」とか、「カメラは何ですか？」という質問が来る。ハッシュタグ検索で、既存客以外の人たちも来てくれるのだ。

例えば、私の娘は、明日行くカフェを「#おいしいスイーツ　#宇都宮」で検索したりしている。つまり、「#テーマ＋地名」で探している。店名ではない。また、単にお店の看板商品というわけでもない。友達が紹介しているわけでもない。誰の投稿なのかはお構いなしに、お目当てのおいしそうなスイーツ画像を選び出し、そこからお店を検索して、そのお店に行くという行動パターンだ。

ちなみに、私の支援先の例で、愛知県にある鶏卵卸の会社は、「#卵かけごはん」というハッシュタグをつけて、自店の卵を使った卵かけご飯の写真を投稿している。

「#卵かけごはん」というハッシュタグ投稿には現在でも5万人くらいユーザーがついているから、投稿すると全国5万人の卵かけご飯好きの人たちの目に届く。

インスタ映えする卵かけご飯に惹かれて、週末には20代の女性たちが全国から、その会社が運営する卵料理のお店にわざわざ卵かけご飯を食べに訪れている。

それくらい、拡散性が高い。ハマれば効果的なツールだから上手に使おう。


SNSを集客に役立てきれていない中小店は、各ツールの特性を活かした使い分けをせずに、むやみやたらに運用しているんじゃないだろうか。各ツールを同期して、Facebookに投稿したのと同じ内容をTwitterにもInstagramにも自動投稿される設定にしているようでは、まったく意味がないと思う。

SNSは、ツールごとにユーザー層が全然違うということを踏まえて情報を発信しよう。そして、LINE公式への誘導を忘れずに行なうこと。そうやって、リアル店舗への集客と同時に、**ネット販売戦略への導入の機能を果たす**ようにすることが重要なんだ。

Vol. 6

情報は毎日送っていい

「ＬＩＮＥ公式やＳＮＳで毎日情報発信しよう」と指導すると、多くの人が心配するのが、「毎日投稿したらお客さんが嫌がるんじゃないか」「ブロックされたり、フォローを外されるんじゃないか」ということだ。

私はいつも、こう答えている。

「フォローをやめる人が一定数いてもいい。お客さんは情報が欲しくて登録しているのだから、毎日発信しなさい」

だって、店には商品が何アイテムあるか、考えてごらん。仮に１０００アイテムあれば、１日１アイテムを毎日投稿しても、全部消化するまで１０００日かかるじゃないか。１年３６５日毎日投稿しても、３年近くかかるじゃないか。

少なく見積もって１００アイテムしかなくても、毎日投稿したって、同じアイテムを紹介するのは年に3回だけだ。それで嫌になるお客さんはいないよ。

私がこの考えに至ったのは、こんな実体験があるからだ。ニューヨークに視察に行ったとき、アウトドアショップや高級ブランド店、ディスカウンターや高級デパートなどで買い物をして会員登録した。そうしたら、帰国以来、毎日、商品紹介のメールが来る。だいたい3～20アイテムくらいが紹介されていて、翌日はまた違うアイテムが載っている。

最初はウザいと思ったのだが、そうやって毎日紹介されると、お気に入りの雑誌を見ている感覚になってきた。明日はどんなアイテムが来るだろうと思って、毎日届くのが楽しみになったのだ。気づいてみたら10年もの間、毎日メールが届いていた。ファッション雑誌なんて必要ないくらい、最先端の情報が毎日、ショップから直で届くのだから、こんな贅沢はないよね。

私がおすすめしている「毎日発信」も、それと一緒だ。彼らは大手だから一度に10も20もアイテムを案内できるけど、我々中小店は1日1アイテムでもいいじゃないか。これなら毎日続けられるんじゃないかな。

そして、文字だけではなく、写真、なるべくなら動画つきで投稿しよう。飲食店なら、「仕込みができました！　おいしいから、食べに来てね！」だけでも構わない。たった10秒、20秒の動画でもいい。スマホで撮って、新鮮な情報を毎日送ろう。お客さんはちゃんと楽しんでくれるから心配ない。

炎上なんて心配ない！

最後に、皆さんが必ず心配する「炎上」について。

これは簡単。**炎上は、しません！**

よほどひどい差別的表現なんかを使わない限り、別に有名人でもない、ただの中小店の発言が炎上なんてしません。

だって皆さん、普段からお客さんに対して丁寧な言葉遣いを心がけているでしょう？

ネットでも同じようにしていればいいんだよ。ネットだから違うことをしなきゃいけないと思うから、間違えるんだ。店頭と同じように、普段通りに、丁寧に接していれば大丈夫。

最近は、ネット販売の世界でも「このお店で買いたい」「キミから買いたい」という、リアル店舗と同じような声が聞こえ始めている。

笑い話になるが、サトーカメラのお客さんの中に、某家電量販店のカメラ担当部長がいる。

彼に言わせると「自社で買ったほうが社員割引で値段も安い」とのことだが、同時に、「それ以外、何のメリットもない」そうだ。

要は、サトカメで買ったほうが写真仲間と出会えるし、オンライン・コミュニティの場でも、お客さんとして堂々と参加できるから楽しいというのだ。

会社の雇用形態が変わったことで、働き手の帰属意識もこんなに変わってきているんだね。

第4章

自社ECサイトで売る！
中小店のYouTube活用術

Vol. 1

サトーカメラがYouTubeを活用するようになった理由

本章からいよいよ、ネット販売戦略のメインであるオンライン接客販売の実践について詳しくお伝えしていこう。

最初に、よく聞かれる質問から。

「YouTubeじゃないとダメですか？　InstagramやFacebookでできませんか？」

言いたいことはわかる。Instagramの生配信機能「インスタライブ」は、よく見られている動画系コンテンツだからね。

でも、**答えはNO**だ。私たちも当初はインスタライブでもやってみたが、一部の成功しているファッション系インスタアカウントのようにはうまくいかないものだった。インスタライブはファン向けのコミュニティに近いからだ。

同じ理由で、Facebookライブもあまり適さなかった。結局は「友達」しか見ないからだ。それだと、「売っていく」という雰囲気が作れないんだよ。しかも、視聴者同士が顔見知りの「友達」で関係性が近い場合が多いので、ますます買い物しづらいらしい。

ファッション系のアカウントだと、インスタライブで商品を紹介、その場で買えるような配信をしていたりするから、アパレル関係の皆さんはインスタライブでもできそうな気がするかもしれない。

でも、やっぱり厳しい側面があると思う。Instagramは、それが「誰の」アカウントかという要素に縛られすぎている。要は、フォロワーしか見に来ないのだ。

「それはYouTubeも同じで、登録者しか見ないいんじゃないの？」と思うかもしれないけど、それは違う。

私たちもやってみて気づいたのだが、インスタライブは「誰の」で見に来るのに対して、**YouTubeは「何の」で、商品名で見に来てもらえる**。例えば、動画のタイトルに「ニコンＺｆｃ」と入れておけば、ニコン社の「ニコンＺｆｃ」に興味がある人が、商品名で検索して見に来てくれる。入り口がまったく違うのだ。

「でも、Instagramでもタグがつけられるでしょ？　タグ検索で見つけてもらえないの？」と思ったかもしれない。

確かに、見つけてもらうことはできる。でも、タグで引っかかってアカウントを覗いてくれたとして、ユーザーはそのときにライブ動画まで見るだろうか？　もちろん何人かは見るだろうが、もし興味があったとしても「あとで見よう」という人もいるはずだ。

でも、インスタライブの動画保存期間は、基本的に24時間。24時間経つと、動画が消えてしまうんだよ。保存期間なしのアーカイブ的な場所に収納することもできるが、たまたまタグで引っかかって覗いただけの人が、わざわざ2タップ3タップしないとたどり着けない場所に見に来るかというと、正直厳しい。

いっぽうYouTubeは、動画をアップロードしたら、同じ場所にずっと保存される。来訪ユーザーは、そのまま「▶」をタップすれば再生が始まる。

これらの違いを踏まえてわかったのは、**もはやYouTubeはお茶の間のテレビの感覚になっている**ということだ。

今や、10代～70代と幅広い層のユーザーがスイッチをつけて（YouTubeのアプリを開いて）、何かないかなと思いながらチャンネルをいじって（キーワード検索をして）、面白かったらそのまま何時間でも見る。しかも、テレビと違って1カ月2カ月経っても、同じ番組を何回でも繰り返し見てもらえる。

「売っていく」という立場からは、これはものすごく大きい。

そもそも、Instagramは基本的にユーザーの大半が10代〜20代の女性だ。リーチできる客層が極端に絞られる。よほどピンポイントにこの層を顧客にする商品でないと、売りづらいのは確かだ。

YouTubeは動画も生配信も売る気満々でOK！

YouTubeは、ガンガン売る姿勢を見せた動画のほうが再生数が上がる。

ライブコマース（生配信での販売）も、売る気満々で接客したほうがたくさん人が入ってくる。盛り上がるのも前のめりに売ったときのほうだ。

考えてみれば、テレビ通販も、以前のジャパネットたかたみたいに髙田明社長が甲高い声でガンガン売り込んでいたときのほうが、私たち視聴者も前のめりになったものだ。ライブならではの一体感なのだろう。

最初はサトーカメラも勘違いして、「売っちゃ駄目だ。嫌われる」と考えていた。YouTubeみたいな無料のプラットフォームで商売をするのは下品だという感覚さえあった。

だから、まずはとにかくチャンネル登録者数を増やして、その人たちの何割かが自社サイトに流れて来てくれて、オンラインショップで買ってくれたら、またはリアル店舗にも遊びに来てくれたら……など、単なる広告宣伝の場ととらえていた。今、皆さんも同じような考えを持っていないだろうか？

実際の話、最初に立ちはだかるハードルはみんなそれだ。

「売ってはいけない」「売り込めばチャンネル登録者数が伸びない」という思い込みを捨てられるかどうか。カメラに向かって「買いましょうよ！」と言えるかどうか。

いいんだよ、言っちゃって！　登録者数が少なくてもいい。登録者がたった１００人、２００人でも構わない。登録なんてしなくても、何人も見てくれているのがYouTubeの強さだ。

第一、最初のうちはリアル店舗の既存顧客やＬＩＮＥ公式の会員が登録者の大半を占めているはずだ。皆さんの顔も商品も知っている人が見ている。リアル店舗で言えば、商品棚の前で商品に興味を示している人たちだ。

あなたは、１００人のお客さんを相手に、同時に接客したことがあるかい？　私だって、そんな経験はないよ。オンラインなら、いっぺんに１００人相手に接客できるんだ。すごいことだと思わないか？

Vol. 2

同じ業界で一番メジャーなYouTubeチャンネルと違うことをやる

よし、YouTubeで売っていこう！　そう腹が決まったら、まず、**自店の業界で登録者数が一番多い店のチャンネルをチェックする**こと。公式チャンネル以外にも関連の番組があるだろうから、それもチェックする。競合相手を見つけ出して、具体的な目標を定めよう。

目標の基準は、チャンネル登録者数なのか、動画投稿の本数なのか、視聴回数なのか、基準は何でもいい。できそうなこと、勝てそうなところを見つけて、目標数値と期間を定めることだ。

私たちは当初、YouTubeについて対策を勉強した結果、統計上、10万人以上のチャンネル登録者数がないと自社サイトへの誘導効果は生まれないと思い込んでいた。実際、動画配信がスタートしてから1年で、チャンネル登録者数は3000人を突破した。再生回数が1万回超になるヒットした動画も出てきた。

ただ、威勢よくスタートしてから2年経っても、目に見えた売上に直結しない。「売っちゃダメ」というYouTubeの常識に、私は痺れを切らし始めた。このペースで続けていたら、登録者数10万人を突破するのにそれこそ何年かかるかわからない。何年かかっても達成できるならばまだいいが、どこにも保証はない。

そこで、具体的な目標を決めようと思い、競合他社の動画配信をチェックし始めた。カメラ店業界で公式チャンネルの登録者数が日本一多いのは全国チェーンの「カメラのキタムラ」だった。当時1万3000人くらいいたはずだ。私は思った。

「日本一のカメラチェーンがその登録者数なのか」

そして、決めた。

「よし、これを抜くぞ！　それも1年以内に抜いて、俺たちがチャンネル登録者数で業界日本一になるぞ」

いつまでに、何に勝つか、その相手を決めること。まずはそれが第一歩だ。

相手が決まれば、次は、**相手ができないことを見つける**。決して、相手のマネをするのではない。相手がやっていることの「逆をやる」という発想だ。決して、相手のマネをするのではない。ここは大事なポイントだから肝に銘じてほしい。

私たちの場合、カメラのキタムラは上場企業だから、動画は大手広告代理店が作り込んだものだろうと推測した。視聴してみたら、案の定、タレントが出てきた。プロが作り込んだ画像、台本通りの流れ、完璧なナレーション。まるでテレビCMのようで素晴らしい出来だが、お客さんとしては親近感が湧かない。

それが弱点だ。その弱点を突いた「逆転の発想」をしていったわけだ。

また、競合になるであろうカメラ系の人気チャンネルもチェックした。すると、大体が髭を生やしたプロカメラマンか、カメラマニアのオヤジみたいな人がやっていた。じゃあ、自分たちはその逆だ。女性で、それもカメラに詳しすぎないほうがいい。

カメラ系のチャンネルとしたら常識の真逆だったが、適任者を社内中探し回った。ちょうど神谷君の隣の席に、当時、法人営業部で働いていた唯一の女性がいた。

「いたー！」

それで抜擢されたのが、サトーカメラが誇る第1号ユーチューバー「ともよ。」だった。

今から思うと、そのユーチューバー路線は失敗だった。これから始める皆さんは**企業YouTubeを「ユーチューバーを目指す場」ととらえないようにしてほしい**。彼女には回り道をさせてしまったが、おかげで、YouTubeで何をやるべきかに気づくことができた。サトーカメラのネット販売戦略を〝覚醒〟させてくれた点で、彼女の功績は大きい。

ともあれ、「女性」で「カメラに詳しすぎない人」という逆張りで、私たちの「YouTubeチャンネル登録者数業界日本一」作戦が始まった。

視聴者に育てられた「ともよ。」

ユーチューバー路線を目指したのは失敗だったと言ったが、そのときは、YouTubeを3段方式（第1章5項）でとらえていた。テックタッチで「ともよ。」のファンを作り、撮影ツアーを企画したり（＝ロータッチ）、お店に買いに来てもらう（＝ハイタッチ）ということをやっていたわけだ。

フォロワーをただ増やすだけではなく、いろんな機種のカメラを持ち出してロケーションに撮影に行ったり、それを動画に上げながら、一応、販売もしていた。スタジオでカメラの紹介をするようになると、概要欄に公式Twitterへのリンクを貼っておいて、お客さんとDM（ダイレクトメッセージ）で何回もやり取りして販売クロージングに漕ぎつけたりしていた。

それでも、月商は100万円前後をうろうろしていた。

業種にかかわらず、中小店のECの売上はみんな大体それくらいだと思う。支援先に聞いても、ECの売上は申し合わせたように月100万円前後。それも、その多くは楽天で売っていたから、さらに手数料を10万円くらい取られて、利益はちょっとしか残らない。

うちは自社サイトだけだったから、中抜きされないぶんマシだったが、どうせやるなら月商1000万円くらいは売り上げたい。だからあるとき、

「もう、売っちゃダメなんて言ってられない。YouTubeで売ろう！『買ってください』ってストレートに言っちゃおう！」

と開き直った。

10 万回以上の再生も当たり前だった「ともよ。」のサトーカメラ YouTube チャンネル

https://www.youtube.com/watch?v=cVQTeU31zCI

神谷君は、ＫＰＩだか何だか知らないが、「最低でもチャンネル登録者数10万人以上にしないと、ＥＣサイトと連動した売上１０００万円は作れない」と言って譲らなかったけどね。

でも、そうしたら、変わっていったんだよ。

チャンネルでは、できるだけたくさんの人に見てもらうために人気機種のカメラを取り上げていた。ニコンのＤ６みたいな上級機種。基本的には、見に来るのは当然、カメラに詳しいマニアたちばかりだ。

そうしたら、何もわかっていない女

の子が、

「あれ、ここを押すの？　……開かないよ？」

という感じで、たどたどしく紹介している。撮影担当の「中の人」（神谷君）が、

「違う違う、その横！」

みたいな感じで突っ込んでいる。そうやってドタバタで進んで、しまいには、

「買ってくださーい！」

と、満面の笑顔で売りつけてくる。

視聴者は「何だこれ!?」だっただろう。他の動画と全然違う。ふざけているんじゃないかと思った人もいたはずだ。再生回数が増えると、誹謗中傷もいくつかあった。

でも、動画の投稿数が増えていくうちに、応援してくれる視聴者が増えると、マナーの悪いコメントは自然消滅していった。アンチコメントが書きづらい雰囲気になるんだろうね。

視聴者がカメラマニアの30代～40代男性が中心だったから、彼女の商品紹介が危なっかしくて見ていられないわけだよ。応援してあげなきゃいけない気になっちゃうんだ。

だから、生配信を始めてからも、チャット欄で「違うよ、その横のボタンだよ」とか、

「中の人」とのかけ合いも ライブコマースのウリ

手前にいるのが「中の人」＝神谷君

「握り方そうじゃないよ。下から持つんだよ」とか、視聴者が親切に教えてくれるようになった。

「中の人」が、そうしたコメントを拾って読み上げる。ともよが「〇〇さーん、ありがとうございます！」と返す。段々、カメラのことがわかってくるから、笑顔が増える。でも、基本ドジだからまたボケが入る。視聴者が突っ込む。盛り上がる。そこで、

「買いませんかー!? 買ってくださーい！」

とたたみかける。

オンライン接客販売のきっかけが垣間見えた瞬間だった。

Vol.
3

「1対100」じゃない。「(1対1)×100」の接客だ!

今、YouTubeチャンネルに出演しているアソシエイトは10人。それぞれが日々発見を共有し合いながら、今もサトーカメラのオンライン接客をブラッシュアップしてくれている。

ここでは、彼らから聞いた「売れるコツ」を解説していこう。

①1人のお客さんをイメージして売る

1人のお客さんに接客するイメージでカメラに向かうと、見ている人たち全員が「私に接客している」と感じてくれる。見ている人が100人でも、1000人でも変わらない。これが100人、1000人のお客さんに接客するつもりでカメラに向かうと、途端に崩れるから不思議だ。

「1対100」なのか、「(1対1)×100」なのかの違いということだ。お客さんからしたら、どちらにしても画面で見るアソシエイトは1人で同じなのだが、売る側が「1対1」になれるかどうか。売れる・売れないの違いはそこなんだ。

ライブコマースは収録動画に比べて、特にそれがわかりやすい。リアルタイムで視聴者の反応がわかるから、売れない人は、100人見ていたら100人に当てはまるようなことを言おうとしてしまう。そうすると、どうしたって表面的なことしかしゃべれない。結果、誰の心にも刺さらなくて売れないのだ。

リアルの店頭で接客するときは、1人のお客さんと向き合うよね。その1対1の姿勢のまま、やればいいんだよ。

②「中の人」はやっぱり必須

ライブコマースは、「カメラ1台と出演者1人」の状態でやってもいまくいかない。ユーチューバーは自撮りで配信しているけど、見ていると飽きるよね。自撮りだと、視聴者のコメントを自分で拾うから、自分が答えやすいものだけ拾ってしまう。そうすると、見ていて驚きがないんだよ。

サトーカメラでは、「中の人」の神谷君がディレクター役としてカメラを回しながら、声で出演する。彼はむしろ、出演者が「えっ、ちょっと待って！」と焦ってしまうようなコメントを積極的に拾う。コメントで出演者をいじるわけだ。

出演者は出演者で、お客さんのコメントだから何とか答えようとして頑張る。その様子が、カメラを通すとまさに店頭で一所懸命に接客する姿そのままになる。

それを100人が一斉に目撃してくれるのだ。仮にその1割にしか響かなくても、10人はいる。これで売れないわけがない。

③「他人の買い物を覗く楽しみ」で盛り上がる

そして、この「100人が一斉に目撃する」という状況は、視聴者にとって、接客を受けるのとはまた違う面白さがあるらしい。

何かと言うと、「他人の買い物を覗く楽しみ」だ。

サトーカメラの場合、商品がカメラという趣味嗜好性の高いものだからという理由もあるとは思うが、仮にそうでなくても、チャンネルを見に来るくらいの人たちだ。基本的には、そのジャンルが好きな人だけが集まっていることが大きいと思う。

ライブコマースの配信中、自分はいろんな事情で購入に至らなかったとしても、「いつも発言（書き込み）するあの人が買った！」とか、「他の出演者のときに迷いまくっていたあの人が、今日はついに買った！」といった瞬間を目撃することになる。

そうすると、好きな者同士の連帯感みたいなもので、

「○○さん、おめでとう～！」

「○○さん、よかったね！　使い倒してね！」

「今度、感想教えてください！」

といった感じで、お客さん同士で自然に盛り上がる。もちろん、配信側も全力でお買い上げへの感謝と祝福を送る。

そうやって二重にも三重にも幸せが広がり、どんどん場が温まっていく世界観がいいよね。

神谷君によると、ユーチューバーの世界には「開封動画」というカテゴリーがあるそうだ。買ったモノをわざわざカメラの前で開けて見せるのだという。

それで視聴者が喜ぶのも覗き見する楽しさがあるからだと思うが、ライブコマースがユ

ーチューバーの開封動画と違うのは、何が出てくるかがあらかじめ共有されていることだ。記事タイトルに商品名を入れているから、見る人は何が出るかわかったうえで見に来るからだ。

だから、出演者が、

「今日はこれ！　キヤノンのＥＯＳ-Ｒ５です」

と商品を出しただけで、

「待ってました！」

「うおおおお来たぁぁーー！」

という感じで、コメントが一気に盛り上がる。

自分の顔が見えないから、リアルなら恥ずかしくてできないような感情表現も、自然にできるのかもしれない。これもオンラインならではの現象という気がする。

④台本なし。練習なし。ぶっつけ本番で売るから面白い

これは、私が地元のテレビやラジオ局で番組を持っていたときに会得したコツだ。私は10年以上のメディア出演の経験があるが、全部「台本なし。練習なし。ヤラセなし。いきなり本番」にこだわった。

だって、素人がプロのラジオパーソナリティやMCを真似たところで、勝てるわけないじゃん。演出や演技を仕込んだら、プロに負けるのは当たり前。それよりも、素人のリアルなリアクションでいったほうがいい。ドタバタもアタフタも含めて、全部コンテンツにするつもりで出るほうが面白いんだ。

私たち素人の欠点は「セリフの棒読み、演技下手」だ。それを克服する方法は、台本を用意することでも練習することでもない。

友人と会うとき、前の日に台本を書いて練習するだろうか？　練習して上手に相手を丸め込もうとするから、見ているほうは嫌気がさしてくるんだよ。

同じように、生配信も大枠の段取りだけで、作り込みは一切なし。練習しないでぶっつけ本番で臨むほうが、出演者も演技の驚きではなく、本気で驚く様子が映像に映るので、説得力があるし、それが新鮮でいいんだ。

カメラのキタムラの作り込んだ動画も同じだ。アナウンサー並みにトレーニングされた素晴らしい出演者が、完璧なセリフ回しでカメラの説明をしてくれる。

サトーカメラ公式チャンネルに見に来る視聴者は、そういう動画を見て勉強していたりする。つまり、商品の勉強はよそでして、うちには買いに来てくれるのだ。

なぜ、勉強したそのチャンネルで買わないのか。あるいは、価格ドットコムで安い商品を検索して、別のＥＣサイトで買わないのか。

要は、楽しくないからなんだよね。だから、私たちのところにわざわざ来て、楽しみながら接客をひとしきり受け、楽しみながら購入してくれるんだ。

以上のようなコツを心得たうえで、次からはライブコマースの具体的なやり方を見ていこう。

Vol.
4

ライブコマースは夜9時からが狙い目

ライブコマースは夜の9時から11時にかけて配信するのがいい。視聴者が入ってくるピークだからだ。

どうしてこの時間帯がピークになるかというと、普通の生活をしている人は、仕事が終わって家に帰ってきて夕食を食べ終わるのが大体夜の7時8時。そこから風呂に入って、髪を乾かして、楽な格好でリラックスして、ビールでも飲みながら一息つくのが大体9時から10時。そこから就寝までの一番くつろいでいる時間帯にぶつけるわけだ。

そう考えてみたら、何のことはない、要はテレビのゴールデンタイムと同じなんだよ。

先ほど「もはやYouTubeはお茶の間のテレビになった」と指摘したが、まさにそれだ。

皆さんの中には、店の営業時間内に配信しないとスタッフがかわいそうだという意見もあるかもしれない。

でも、**お客さんにとって一番都合のいい時間帯なら、そこでやるべき**だ。出演するアソシエイトは準夜勤みたいなシフトになるから手当てをつける必要があるが、その出費も気にならないくらい、この時間に配信するとよく売れる。

これも神谷君が教えてくれたことだった。私はYouTubeを始めた2018年当時、YouTubeユーザーの生態を知らなくて、

「そんな時間帯に誰が見るんだよ！　みんな普通はテレビを見てるだろ！」

と反対した。

それがコロナ禍になって、気づいたら私自身も、その時間に見るのは完全にYouTubeになっている（笑）。テレビは一応ついているけど、誰も見ていない。リビングにいる家族もみんな、それぞれ自分の好きなYouTubeを見ている。皆さんのご家庭も似たようなものじゃないだろうか。

ここでもうひとつ、気づいたことがある。特に経営者と共有したいのは、**ライブコマースは営業時間の短縮と相性がいい**ということだ。

サトーカメラは、以前は朝9時から夜8時までが営業時間だった。それを２０１８年からは朝10時から夜7時までの営業に変更した。２０２０年の大不況を予測して、試験的に、固定費を下げながら生産性を上げるための時短営業に踏み切ったわけだ。

全店舗で1日に2時間営業時間を減らしたら、当然売上は減る。でも、固定費とのバランスを考えたことと、オンラインで売っていく体制を整えたかったという理由もあり、この結論になった。

今はライブコマースを1回配信すると、2時間で延べ２０００人くらい視聴者が入ってくる。すると、店を開けているよりも断然、お客さんが押し寄せてくるし、売上が出る。

コロナ禍でお客さんのライフスタイルが変わった今、「リアル店舗の長時間営業」のとらえ方は少し変わってきたように思う。

Vol. 5

スタート時は最低でも週1回、1時間以上配信しよう

ライブコマースは、どれくらいの頻度で配信するべきだろうか。

スタート時は最低週1回はやりたい。曜日を決めて毎週、**最低1時間以上**は配信しよう。

それも、なるべくなら週の真ん中あたりがいい。商品の性質にもよるが、水曜日が狙い目だ。要は、昼間働いている土日休みの視聴者がちょっと疲れてきた頃、ということだ。

あとは金曜日の夜も狙い目だろう。次の日が休みで、夜更かしできるからね。

「1時間も話すことある?」と思うかもしれないが、やってごらん。あっという間だから。

自分が売りたい商品のことを徹底的に紹介するんだ。完璧に話そうと思わなければ、1時間くらい余裕で話せる。

配信の予定は、SNSやLINE公式でしっかり告知しよう。

ライブコマースの段取り例

1. 番組の趣旨「30秒くらい」
2. 出演者の自己紹介「1分くらい」
3. 書き込みをいただいている視聴者の名前を読み上げながら、個々に挨拶
4. 今日のテーマ
5. 商品紹介中も途中でコメントを拾いながら、視聴者と会話するように進めていく
6. 商品の値段と買い方（いつまでにどのようにすればいいのか）
7. 視聴者に向けて番組終了の挨拶
8. 視聴者からの「お疲れ様」の挨拶コメントを集める
9. 個々に名前を読み上げ、「ありがとう」の言葉を伝えて終了

もちろん、最初は見に来てくれる人数は少ない。でも、YouTubeの場合は生配信が終わっても、それがそのまま動画として残るから、あとから見てくれて買う人も出てくる。動画の編集もしなくていい。ライブコマースから始めることをおすすめするのは、そういう理由もある。

生配信はグダグダ。「だが、それがいい」

「素人が生配信なんかやってもグダグダになるんじゃや……」と二の足を踏む人も多いが、これに関しては、胸を張ってアドバイスできる。

生配信はグダグダでいい。むしろ、ライブはあのグダグダ感がいいんだよ。あまりに段取りよく進んでしまうと、見ているほうが疲れてしまう。グダグダで突っ込みどころ満載のほうが、視聴者がラクな気分で楽しめる。

というか、心配しなくても、最初は慣れないからグダグダになる（笑）。「天然ボケ」ならぬ「天然グダグダ」だ。お客さんはそれを楽しんでくれるから大丈夫だ。何度も言うが、テレビに飽きた人が覗きに来るのだから大丈夫。その「素人感」がいいんだから。

また、グダグダにしたほうがいい理由もある。テレビショッピングとの比較で説明しよう。

テレビショッピングは、商品をおすすめするときは一方的にダーッと話す。機能がどう、性能がどう、形がどう。そして、「これいいですよ〜。今なら、これとこれとこれがついて、このお値段！」とアナウンス。そして「お電話ください」で締め。

ジャパネットたかたもQVCも、基本の構成は同じだ。構成がシンプルなぶん、値ごろ感の演出もしながら放送する。

いっぽう、YouTubeの生配信の場合、ひとつのトピックについて話している間に、視聴者からリアルタイムでコメント欄に質問が書き込まれる。

コメント欄は、みんなが見ているのがポイントだ。**1人が疑問に思っていることは他の多数の人も疑問に思っている**んだよね。タイピングが苦手とか、ネットにコメントは残さない主義だとかでコメントを入れる人と入れない人がいて、大半の視聴者はコメントを入れずにただ見ているだけだ。

だから、書き込まれた質問にこちらが答えてあげると、質問してきた人だけじゃなく、聞きたかったけど聞けないままだった人全員に答えてあげているのと同じことになる。

ということは、質問に答えている間にさらに深掘りした質問が来るとか、それに近いテーマの質問が来るとか、そうやって話の枝葉を広げながらグダグダ進んだほうが、商品の魅力をより伝えることができるし、見るほうも一方的に接客された気分にならずに楽しめるんだ。

だから、質問した人が納得して買ってくれるだけじゃなく、コメントしていない人も「なるほど」と思ったら買ってくれる。「なるほど」と思ってもらえる人を増やしやすいという点で、**プロみたいにテンポがよすぎないほうがライブコマースの効果が出やすい**と言えるのだ。

Vol.
6

視聴者の「お買い上げ」をエンターテインメントにしちゃおう！

「**お客さんの購入をスルーしない**」というワザもある。

サトーカメラの場合だと、ライブコマース中に売れたら、ベルをカランカランと鳴らして、

「売れました〜！　おめでとうございます〜♪」

とお祝いするようにしている。福引で一等賞が出たときのイメージだ。

そうすると、視聴者から、

「おめでとう！」

「やったね！」

「おめでとうございます〜。いいな〜」

というような祝福のコメントが続々入る。

そうやってコメント欄が盛り上がったライブ動画は、YouTubeのシステムとして評価が上がり、関連動画の中で優先的に上げてもらえるようになる。

だから、配信側もわざとコメントを煽る。煽るのは何も下品なことじゃない。どんどん煽って盛り上げたほうが、視聴者にとっても番組が楽しくなるのだから、それでいい。

コメントを書き込みたくなるような工夫

そうすると、次は「**コメントを書きやすくなるような雰囲気づくり**」が大切になる。

その雰囲気の第一条件は、**配信側がちゃんとコメントを読み上げてあげる**ことだ。コメントしてくれる視聴者さんは大体決まっている。昔で言ったら、ラジオ全盛期の「ハガキ職人」みたいな常連の人だ。

また、その質問がうまいんだ。「これはみんな聞きたい質問だろうな」「自分たちも気がつかなかったな」と、こちらが思うようなことをズバッと突いてくる。

それをちゃんと拾ってあげると、みんながコメントを書きやすくなるし、それこそが、視聴者と一緒に番組を作っていくコツだと思う。

皆さんも経験があるだろう。初めてのネットコミュニティに入るときは、どうしても恐る恐るになる。けど、雰囲気のいいコミュニティは、入ったらこちらが何か言うよりも先に、常連たちが「○○さん、ようこそ」「はじめまして、○○さん」と迎えてくれる。あの雰囲気を、配信側が意図的に作ることがポイントだ。

ちなみに、売りたい商品にもよるが、出演者の性別は女性でも男性でも、どちらでもいい。性別よりも重視したいのは、**お客さんとの距離の近さ**だ。つまり、現場に出ている、または現場に近い人たちがいい。ライブコマースは、リアル店舗で出演者に会えることがポイントのひとつだからね。

そして、なるべくならば**店長や副店長クラスの人**がいい。商品を売るのが最終目的だから、ある程度商品についての知識がないといけないし、そのクラスになれば、それなりに決裁権があるから、お客さんの無茶を生配信中に聞いてあげやすいからだ。

例えば、

「これ、本当は値段ここまでしかできないんですけど、ＯＫ！　○○円でお売りしましょう！」

みたいなことも、店長クラスならできる。その場でポンポンと話が進むと、見ているほうも面白い。

これがもし、「一度上に聞いてみて、明日連絡します」では、ライブの意味も面白みもなくなってしまう。だから、出演者はある程度、その場での決裁権があるほうがいい。

Vol. 7

「ハンドルネームだとお客さん識別できないんじゃないか」問題の解決法

番組が段々盛り上がってくると出てくる心配が、

「ネット上はハンドルネームだから、誰がどのお客さんかわからないのでは？」

ということ。

まず、商品の扱いに関しては問題なくできる。ライブコマースで売った商品も、基本はECサイトで注文受付を処理するから、本名も、配達先の住所も把握できる。

例えば、佐藤夏美さんがハンドルネーム「花ちゃん」であるということは、どうやってわかるのか。

ざっくりした結論を先に言えば、「**やっていくうちに自然に覚えてくる**」だが、それだと不安だろうから、サトーカメラのやり方を紹介しよう。

先に「お客さんのお買い上げをスルーしない」というポイントを紹介したが、配信中は「中の人」がＥＣの管理画面を別パソコンで同時に見ているから、見逃さなければお買い上げの瞬間はわかる。何時何分に購入したかの記録も残る。

そして、多くの場合、その直前に出演者が「花ちゃん」に接客している。

「買おうかな、どうしようかな。でも、その前にちょっとだけ教えてもらっていいですか？」

「もちろんです！　何が聞きたいですか？」

というようなやり取りをしている。だから、ライブコマースで成約した（購入意思を示した）タイミングとＥＣの管理画面で注文が入ったタイミングからして、「花ちゃんさんは佐藤夏美さんだ」という目星がつく。

仮に、YouTubeのほうでお買い上げの兆しがないままＥＣで注文が入っても、「中の人」が「今、どなたかお買い上げくださいました！」と番組中にベルを鳴らして盛り上げる。

それで出演者が、

「えっ、誰だろう。ミッチーさん？　違う？　よかったら教えてくださ～い」

と呼びかければ、その気のある視聴者は名乗り出てくれる。

それで名乗ってくれたら、出演者は、

「花ちゃんさんありがとうございます〜！」

とちゃんと呼びかけて、お礼を言う。そして、再度ベルをカランカラ〜ンと鳴らしたら、コメント欄は2回目の祝福の嵐だ。

「購入した人は誰か」「購入者が現れるかどうか」といったドキドキも、エンターテインメントのうちだ。名乗ってくれたらラッキーというくらいの気持ちで臨もう。

視聴者情報は社内で共有しよう

そうやって続けていると、社内で「ハンドルネーム花ちゃんは佐藤夏美さんのこと」という識別が共有されてくる。売れるとやっぱりうれしいから、出演者はあとでECの管理画面をチェックするようになるし、梱包作業も出演者本人が行なうから、誰がどの視聴者かといったことは自然に覚えてくる。それをまた、他の曜日の出演者同士とも共有し合う。

そう考えてみると、結局は、これも店頭の接客と同じなんだよね。「あのお客さん、お名前何だっけ」ということは、リアル店舗でもよくあることだ。そんなときは、スタッフ同士で教え合って乗り切るじゃないか。あれと一緒なんだよ。

ちなみに、神谷君は「中の人」歴が長いから、ハンドルネーム○○さんが本名○○さんだということは、全部頭の中で一致しているらしい。そこが「裏ボス」と言われているゆえんだ。

Vol. 8

「コメントで叩かれるんじゃないか」問題の解決法

もうひとつ、皆さんが心配することとして、「コメントで叩かれたらどうしよう」というのがあると思う。もしかしたら一番の不安の種かもしれないね。

物販業の場合、「商品知識が足りなくて、答えられない質問が来たらどうしよう」という不安は常につきまとう。サトーカメラは今、10人のアソシエイトがオンライン接客販売に出演しているが、「次は君がやってみよう！」と指名したときに必ず出る声がそれだ。

今、この本を読んでいる皆さんも、「YouTubeやってみようかな」と思ったときに、ブレーキがかかるのはそこだと思う。

そんな心配の解決方法は、その場で出演者自身がグーグル検索して読み上げちゃうこと。知らないことは、素直に調べればいいんだ。

そして究極は、「**視聴者に聞いちゃえ！**」。

だって、お客さんのほうが詳しいから。カメラに限らず、今はどの商品も基本的にそうだと思う。中にはとんでもないマニアが必ずいる。商品知識で視聴者に勝てると思っちゃいけない。

だから、飾らずに聞けばいい。例えば、

「うわー、すごい質問ですね！　私じゃわからないから、どなたかわかる人いますか？」

という感じだ。

そうしたら、大体は親切な視聴者が教えてくれる。その商品が好きで見ているわけだから、知らない人には自分の知っていることを教えてあげたいんだね。知らない人に教えてあげるのがうれしいんだ。

配信側はそういう善意もちゃんと拾って、みんなで共有するようにしよう。

➡ 視聴者はその商品が好きだから、見に来てくれる

このことは逆に言うと、**商品にケチをつけるようなことを言うと、クレームにつながる**ということでもある。

視聴者はその商品が好きで見に来るのだから、完全に客観的な批評でない限り、批判は炎上の元だ。また、他の商品と比較することもよくない。比較された側の商品が好きな人も多いからだ。

サトーカメラで実際にあった例だが、「ニコン○○とキヤノン○○対決」というテーマで配信したことがあった。雑誌ではよくある人気のテーマだが、相手商品を蹴落として売りたい商品をデカく見せることになる比較の仕方は、炎上まではいかなかったものの、やはり危険だった。

また、ディズニーファンが集まる「がんちゃんの#Dヲタでいこう」という、ディズニーのキャラクター写真自慢がテーマの生配信で、その日「中の人」を務めていた担当者が、配信中に「あれって、ただの人形でしょ？」とツッコミを入れた。当人は別にディズニーファンでもないから、つい悪ノリとウケ狙いで本音が出たわけだ。

そうしたら、大変。「失礼じゃないですか！」「夢を壊さないでください！」という感じのコメントがバーッと来た。炎上手前の大クレームだ。

いつもの常連さんが視聴者の大半のつもりで配信していたら、実はそうじゃなくて、その回はディズニーファンの人たちがたくさん見に来てくれていた。ファンの前でケチをつけたら、そりゃ怒られるよね。

こうした事態を回避する場合も同様に、「視聴者はこれの何に惹かれているんだろう。知りたい」という気持ちで接すればいい。**お客さんから学ぼうとする姿勢**。これを忘れなければ、大丈夫だ。

この件からはもうひとつ、**「中の人には個性や自己主張はいらない」**ということも指摘できる。

出演者は個性を出して構わない。顔が映るから、多少毒のある発言も冗談で言っていることが表情で伝わるからだ。

いっぽう、「中の人」は声だけだから、視聴者は言った言葉をそのまま受け取る。だから下手に自分を出さないようにするべきだ。個性を出すのは出演者に任せて、視聴者のコメントを拾う役に徹しよう。あくまでも**「中の人」は視聴者代表**の立ち位置だということを忘れてはいけない。

Vol. 9 生配信で感覚をつかんだら10分動画を撮り溜めよう

ここまでライブコマースを中心にお話ししてきた。生配信は編集がいらないから、楽に始められる。ただ、「売る」という観点で言うと、**実は収録動画のほうが効果がある。**だから、生配信でオンライン接客の感覚をつかんだら、次は動画を撮り溜めていこう。**尺は10分前後がベスト**だ。５分でも20分でもなく10分。

これには主にYouTubeのシステム上の理由がある。YouTubeからしたら、ユーザーにはできるだけ長時間YouTubeの中にいてもらいたい。いろんなコンテンツを見て回って、いろんなＣＭを見て、広告出稿料をYouTubeに落としてもらいたい。広告収入はユーチューバーに半分、あとの半分はYouTubeに入るからだ。

そうなったときに、今YouTubeがアルゴリズムで弾き出している理想のコンテンツが、

「10分前後で50％の再生率がある動画」というわけ。

だから、それに近い動画を優良コンテンツとして扱うのだ。具体的には、**「次の関連動画」の候補として優先的にユーザーに表示してくれる**んだ。

「一人語りで10分も話せる？」と思う人がいるだろう。

大丈夫、案外しゃべれる。そこはやっぱり、我々は商品のプロだからね。もし心配ならば、段取りとして目次だけでも用意しておこう。くれぐれも、きっちりとした台本は作らないように。

ちゃんと商品のことについて話そうと思えば、10分くらいは普通にしゃべれるはずだ。ユーチューバーのつもりで自分のキャラを売ろうとしなくていい。ネタ的なウケ狙いもいらない。やったって尺が持たない。第一、そんなの誰も見たくない。

だから、**トコトン商品について語ろう**。高額商品になればなるほど語ることはいっぱいあるはずだ。語っている「人」が面白いと思ってもらえるようになるのは、続けていったあとの話だ。何度も言うが、ユーチューバーを目指しちゃダメだよ。

Vol. 10

商品を変えなくても動画をたくさん作るコツ

動画をたくさん撮りたくても、アイテム数が多くないお店もあるだろう。

そのときは、**同じアイテムで撮ればいい**。商品の用途別・顧客層別に切り口を変えることで、本数を増やそう。

例えば、デジカメであれば、同じニコンのＤ６でも、子どもの写真を撮りたい40代のママに見てもらうのと、旅行先で風景を撮りたいシニア世代に見てもらうのとでは、動画のタイトルやサムネイルが変わる。動画の中身も変わる。出演者の売り方だって変わる。

そうやって同一アイテムでたくさん作って、ＬＩＮＥ公式でお知らせしよう。ＬＩＮＥ通知が鳴って、スマホを見たとき、自分にピッタリの動画タイトルだったら、見てくれる。それも、売りたい相手ドンピシャのお客さんに。また、タイトルを変えることで、見てくれる人を新たに開拓することもできる。

➔ タイトルは単刀直入なものでOK!

ちなみに、**動画のタイトルは、そんなに深く掘り下げたものにしなくていい**。例えば、デジカメなら、「○○モードについて語ります!」みたいにする必要はない。お客さんのほうは「この機種(商品)について知りたいなぁ」というくらいの引っかかりで興味を持つし、検索で見つけてくれる人も、そこまで細分化したキーワードを入れるケースは、今のところレアだからだ。

カメラの場合、「機種名 撮る対象」というキーワードの組み合わせが、再生回数が伸びやすい。「ニコンZ50で紅葉を撮る」とか、「ニコンZ50で雲海を撮る」とかいう具合だ。

そうやって**「モノ」と「コト」をタイトル上で掛け合わせる**。この法則は皆さんのお店の商品にも応用できると思う。

型番商品や機種名がはっきりしている商品は検索されやすいが、それ以外の商品に関しては、次のような方法もある。

・「予算価格帯」と「モノ」をタイトル上で掛け合わせる

（例）「○○円で買えるデジカメ」「○○円で買える羽毛布団」「○○円で買えるリビングファニチャー一式」

・「ビッグネーム」と「モノ」を掛け合わせる

（例）「ニトリで売れている○○を用意しました」「ジャパネットたかたで紹介された○○を、さらに20％安くしました」「ＭＵＪＩで売れている○○と同じ品質」「ユニクロで人気の○○と同じタイプ」

このように、検索に引っかかりやすいタイトルを見つけ出すことだ。

さらには、**売る人（出演者）を変える**のもいい。第1章で述べた通り、1つの商品を複数の出演者が取り上げて集中して売りまくるのは、作戦としてアリだ。むしろキャンペーン的な迫力が出るから、おすすめだ。

もちろん話す内容は変えるほうがいい。話の内容がかぶってしまうのが心配ならば、出演者同士で事前確認させればいいだろう。

Vol. 11

ライブコマースの成功&失敗エピソード

本書でお伝えしてきたように、サトーカメラは試行錯誤しながら、時には失敗して遠回りしながら、サトーカメラ流・ライブコマースを確立してきた。その中で経験してきた成功と失敗のエピソードを、本章の最後にご紹介しよう。きっと、これからライブコマースに挑戦する皆さんの参考になるはずだ。

Episode ① 旧知のコンサルタントの一言

動画で売上を上げるきっかけをつかんでからも、まだまだライブコマースの売れ方には波があり、コンスタントに実績が見込めるものにはならなかった。今思うと、その原因は「ともよ。」のコアなファンにしか響かない、コアなファンしか買わない動画だったから。

要は、ユーチューバー路線のタレント商法に走ってしまったからだった。

私たちの商売の基本は「商品ありき」。対して、ユーチューバーなどのタレント商法は、本人の「人気ありき」。両者は水と油ほど違うものだ。タレント商法では、商品が二の次になってしまう恐れがある。当初売れ方に波があったのは、「そちらに偏りすぎると、私たちの商売の本質からズレてしまうぞ」という警鐘を鳴らされていたのだ。

そこで、私たちはもう一度原点に戻った。何のためにライブコマースをやるのか？　どういうお客さんに来てもらいたいのか？

この問いは本質的な問いだった。「彼女がかわいいから」という理由で来てもらうのは私たちのチャンネルにとっては二次的なものであって、「想い出をキレイに一生残すために」「写真を楽しむ」「カメラが好き」といったサトーカメラ本来のキーワードを振り返るべきだと思ったのだ。

そうやって振り返りながら、2年目、新番組が生まれた。「**オート先生の総回診**」だ。全国から視聴者の写真を集めて、ライブで写真を講評するという画期的な番組で、今も

生配信で写真講評をする「オート先生の総回診」

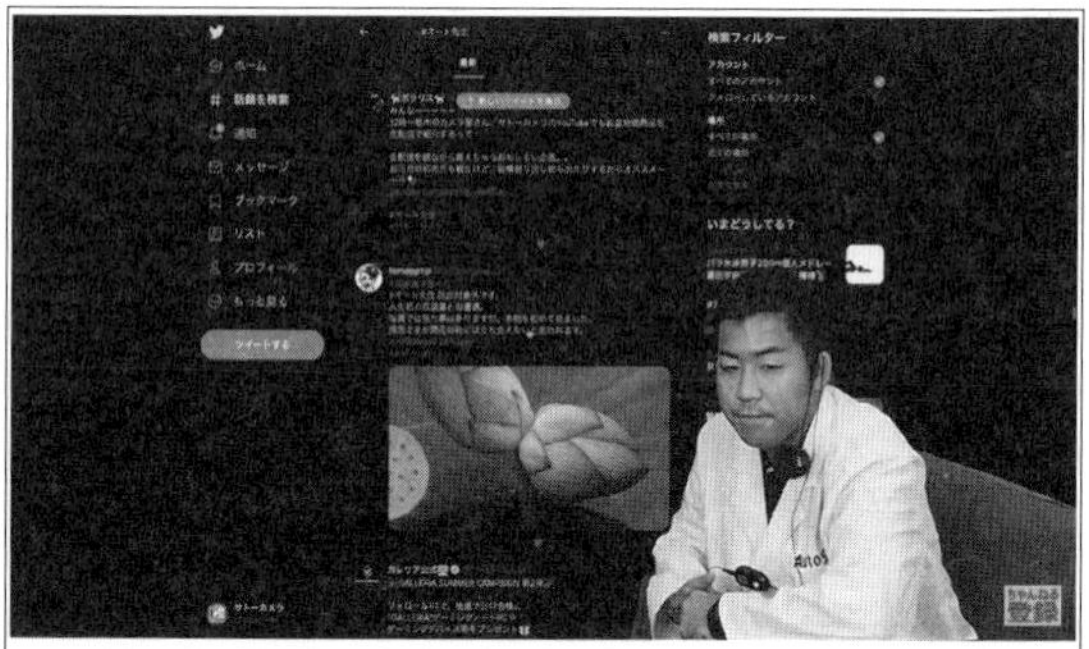

#オート先生
【写真講評】オート先生の総回診【Karte.160】テーマ：スポット光

https://www.youtube.com/watch?v=iL3-V-v5dtU

週1回21〜23時に生配信を続けている長寿番組だ。

「オート先生」とは、サトーカメラ宇都宮本店の佐藤秀明副店長のこと。彼は学生時代から、写真の世界大会で日本代表になったほどの逸材であり、視聴者を巻き込む彼の番組はチャンネル登録者数を増やす起爆剤にもなった。

「ともよ。」と「オート先生」の活躍のおかげで、商売の原点に戻ったその1年後、サトーカメラ公式YouTubeチャンネルは「チャンネル登録者数でカメラ専門店業界日本一」になった。

ただ、実は、この段階でも売上は月

商１００万円前後で、時々３００万円にいくという感じだった。当時はまだイベントを売る方向から抜けきれておらず、「ともよ。」と行く撮影旅行だったり、「オート先生」の撮影会だったりというように、「モノではなくコト消費」「商品ではなく体験」という路線で進んでいたからだ。

そうしたタイミングで、２０２０年春、コロナ禍が起きた。そして、緊急事態宣言が発出された。宣言が出されたときに、私自身も全国の支援先や勝人塾参加者に向けて「佐藤勝人YouTubeチャンネル」を開設し、週5日、コロナ禍の対策を配信し始めた。

すると、その番組を見たリクルート出身のコンサルタント大脇順樹さんから、

「サトカメではオンライン接客やらないの？　コロナ禍で高額商品がオンラインで売れているらしいよ。サトカメでやってくれたら、うれしいけど」

というメッセージをいただいた。

その瞬間に、それまで3年間試行錯誤していたサトーカメラYouTubeチャンネルの方向性が明確になった。

Episode② 専門バカになるな！

次のエピソードは、「**専門バカになると見えるものも見えなくなってくる**」例だ。

「月商1000万円にしたければ、チャンネル登録者数を10万人にしなければ無理」と〝専門家〟神谷君が考えていたことは先に述べたが、本気で勉強してきた結果、彼なりの計算があったからだ。その計算とは、

「『サトーカメラYouTubeチャンネル』は登録者数1万人でECサイトの月商が100万円、ということは、2万人なら月商200万円、3万人なら300万円、4万で400万円、5万で500万円、6万……7万……8万……9万……10万人で1000万円！」

というものだった。

一見、シンプルで合理的だけど、私は笑いながらこう答えた。

「君は専門バカに陥っているよ。以前、地元のテレビ局『とちぎテレビ』で10年間、毎週金曜日19時から『サトカメGT』という番組をやっていたけど、そのときも世間では、視聴率が10％ないと意味がないだとか言っていた。

けど、私の考えは違っていた。栃木県民２００万人のうち視聴率１％でもいい、たった１％でも２万人の栃木県民が観てくれる。２万人と言えば、武道館が満杯になる数だ。もし２％になって４万人になれば、東京ドームが満杯になる。それに向けて30分間もサトーカメラの宣伝をし放題なんだぞ!? これってすごいことだと思わないか？
現状のサトーカメラ YouTube チャンネルの登録者数は約２万人だ。私ならば、その２万人に向けて商品を販売するよ。満杯状態の武道館で２時間歌い放題、ジャパネットたかたのように売り放題って、マジですごくないか？」

業界常識の数字でしか考えられないところからは、現状を打破するアイデアは出てこない。専門知識を深めるのは素晴らしいことだが、それで見えなくなることもある。これから取り組む皆さんは、忘れないでほしいと思う。

Episode ③ 中古カメラ販売が大成功！

入社18年目の三品店長は、メカ好きで中古カメラ好きでオールドレンズ好き。お客さん

ECサイトの月商アップの起爆剤となった「オールドレンズ・中古カメラ三品しょうかい」

【買える生配信】オールドレンズ・中古カメラ 三品しょうかい

https://www.youtube.com/watch?v=716qKzHWPwg&t=116s

から絶大なる人気を誇り、ヤフオクでは個人的に自分のカメラを、メルカリでは洋服を、それぞれ売買して上手にモノを回す今どきの青年だ。

私は２０２０年３月、三品店長をオンライン事業部に抜擢し、試験的に中古カメラのライブコマースをやらせてみた。それが「**オールドレンズ・中古カメラさんぴん紹介**」だ（毎週土曜日21〜23時生配信）。

中古品だから、当然一点物だ。その一点物を、ライブコマースでしっかりと状況を説明しながら売っていく。

すると、1時間で3台、4台と売れた。来店客数（視聴者数）は2時間でなんと２０００名。平均でも常時２００名前後が視聴し、売る側の興奮はリアル店舗では味わえないものがあった。

オンラインで接客し、販売したのは、まさに中古カメラ業界初だった。

丁寧に1台1台、ほとんど手売りみたいに売っていくのは、ＥＣ業界の常識的感覚からすればかなり非効率だが、リアル店舗の感覚からすれば、これほど効率のいい売り方はなかった。何せ、**同時に２００人に売り込める**のだ。

世は働き方改革と言うけれど、これなら8時間も店頭に立っていなくても、たった2時間で1日分の売上を作ることができる。

結局、これが起爆剤となり、一気にＥＣの月商が３００万円になった。２カ月後には、倍の６００万円となった。

そこで、私は考えた。

「同じことを新品カメラでやろう！　新品カメラならば、10台でも20台でも１００台でも用意できる。新品カメラを売るには、リアル接客ナンバーワンの竹原賢治常務の登場

リアル接客を活かした「ジャパたけショッピング」

【フジフイルム XF 50mm F1.0 R WR】描写力がハンパない！開放F値1.0でAF機能があるレンズはこれが世界初。物撮り・ポートレート撮影が楽しくなる！【ジャパたけ】

https://www.youtube.com/watch?v=lO3gSqnHA1M

だ！」

私の念頭にあったのは、三品式・中古カメラのオンライン接客と、〝テレビ通販の雄〟ジャパネットたかたを発展融合させたような接客イメージだった。

サトーカメラはこうして、オンライン接客販売を始めてたった半年で、月商2000万円を突破することができたのだった。

Episode ④ 24時間生配信で1日1000万円！

２０２０年も終わりが見えてきた頃、私は、オンライン事業部が年末年始も普通に生配信をする予定なのを聞き出して、無理難題を投げてみた。

「**大晦日から年越しをまたいで、24時間生配信をやらないか？**」

最初はみんな「？？？」だったが、コロナ禍初の年末年始は自粛ムードで、みんな暇なはずだから、せめて俺たちは何か楽しいことをやろうじゃないか、という気持ちだった。

もちろん、「頑張りすぎず、無理をせず、できる範囲で続けられることを」が条件だ。

それで考えたのが、「大晦日21時スタート、元日21時まで24時間ぶっ通し生配信」という、オンライン事業部初の一大イベントだった。

サトーカメラ YouTubeチャンネルは、その頃にはすでに1週間毎日生配信・動画配信をやっていたので、7つの配信番組を持っていた。その出演者たちで時間割を組めば、24時間ぶっ通しは全然現実的だと思ったわけだ。

「中の人」も交代でやればいいつもりで企画を進めていたが、神谷君はなんと、

「それだと達成感が味わえない。『24時間テレビ』のように視聴者を24時間応援し続けたい。全部、自分で担当したい」

と志願してきた。

ビックリしたが、彼は執行役員でもあるし、本人がやりたいと言うならば、と私も了承した。

そして、2020年12月31日、記念すべき「第1回　年越し24時間生配信」を敢行。常時200人から300人が視聴し、24時間累計で約3万人が覗きに来てくれるという大成功を収めた。

感想としては、とにかく楽しかった。肝心の売上は、なんと1日で1000万円を超えた。さっそくサトーカメラ名物のお祭り企画に認定し、これからは年2回開催していくことを決めた。

ちなみに、オンライン事業部の方針によると、2021年の「第2回　年越し24時間生配信」は大晦日21時から元日24時まで、27時間やりたいらしい。そのくらい、全国の視聴者と時間を共有できたことが楽しかったみたいだね。

24 時間生配信企画
「写真は地球を救う！」

気になる年2回のもう1回は、夏の24時間テレビ「愛は地球を救う」（日本テレビ）の裏番組として、24時間生配信企画「写真は地球を救う！」を開催して、盛り上がりを見せたばかりだ。

コロナ禍になって売上2倍の業績を上げているのが、法人営業部だ。みんな案外、気づいていないけど、地方は法人営業が狙い目だよ。なぜって、新型コロナの影響で、都市部の営業マンは出張できないから。みんなオンラインで営業している。

この傾向は、この先、新型コロナが落ち着いても一緒だと思う。会議も打ち合わせもオンラインで済ませる習慣がついちゃったから。表向きは感染予防のためと言っているけど、実際は、営業マンは移動がなくて楽だし、会社も出張費がかからず好都合で、最高の効率化だからだ。

その点、地元の企業同士が県内で動くぶんには「コロナ越境」にならない。だから、今のうちに地元の企業に営業に行こう。もう一度、ローラー作戦で足元を掘り起こすチャンスだ。

法人営業用の動画を作り、商品やサービスの案内をするだけでなく、先方の担当者にLINE公式の会員になってもらおう。そして、「動画でも、商品やサービスの案内をしているから見てください」とお願いするんだ。LINE公式でガンガン動画を発信すれば、商談で興味を持ってくれた企業はかなりの高確率で見てくれるはずだ。

販売商品に関しては、法人に対しては個人のお客さんに売るときと違って高額商品に絞らなくていい。法人は買い個数のロットが大きいから、消耗品でも1回の取引で5万円、10万円の売上になるからだ。

私たち中小店は、その場で紙の伝票を切って決済ができるのも強みだ。「まぁ、せっかく来てくれたし、こういうときこそ地元企業だね」となりやすい。これは想像以上に、地元中小企業の社長たちには成約の決め手になる。

理想は、商談のときにそのまま自社サイトに誘導して、ネット上で注文と支払いを完結してもらうこと。こうすれば、伝票もいらない。また、法人営業部がデリバリーすることで、顔を売ったり、次の注文を取ったりすることもできるだろう。

第5章

ネット販売戦略を成功させる！リアル店舗の強化策

Vol.
1
5つの局面で商品を売っていく

第2章3項で、「局面」という概念に触れた。

1つの商品には5つの局面がある。**新品、中古、買取、修理、レンタル（シェア）**だ。

そして、販売の局面も同様に5つある。**店頭販売、通信販売、催事販売、配置販売、訪問販売**だ。

なんだかんだ好景気が続いていた2010年代は、「売れない、売れない」と愚痴る余裕があったかもしれない。しかし、本当の不況期に突入した今、そんな余裕はない。「売らなきゃ、つぶれる」。それだけだ。

冷静に振り返ってみよう。「売れない、売れない」と言っているのは、もしかしたら「新品」の「店頭販売」が不振なだけではないか？

商品の5つの局面と販売の5つの局面を組み合わせてみれば、**「5×5＝25通り」の商**

1つの商品で25通りの商機がある！

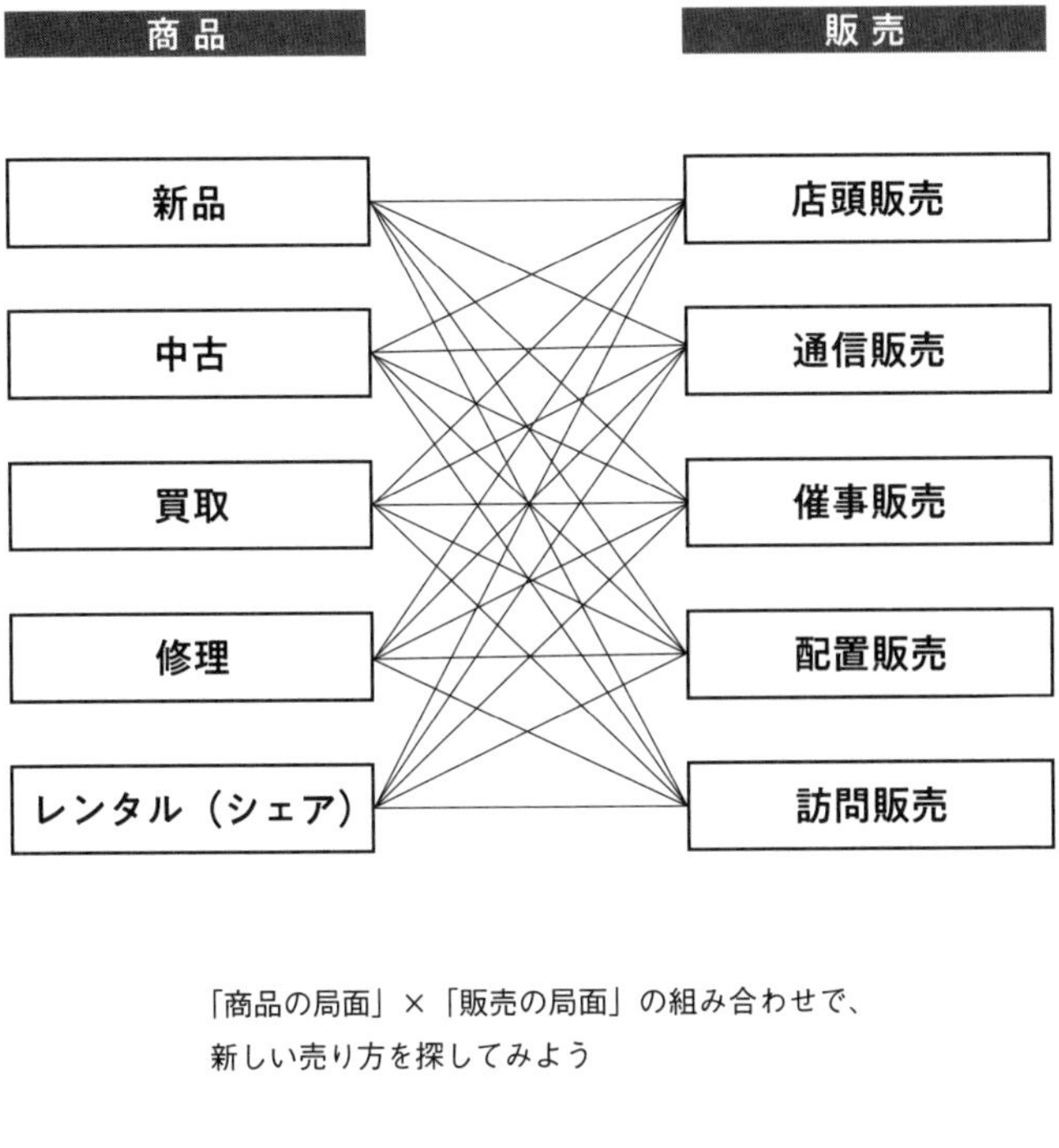

「商品の局面」×「販売の局面」の組み合わせで、
新しい売り方を探してみよう

機がある。同じ商品でも、販売の局面によっては新しい売り方が見つかるかもしれない。自店の商品は、皆さんが思っているのと違って、意外とネット販売戦略に向いているかもしれない。

私たちの場合、中古カメラがまさにそれだった。サトーカメラは1990年代からずっと中古カメラの販売に挑戦してきた。中古カメラを店頭展示したところで一点物のマーケットは小さいから、常設ではなく、年2回の催事販売「大中古カメラ市」(※)をやってきたが、年間を通した事業として成り立つまでにはいかなかった。

ところが、第4章11項のエピソードで紹介したように、オンライン接客販売をしてみたらビックリ。いきなり1時間で10万円売れた。今では、月間で500万円超はコンスタントに売り上げている。

※「大中古カメラ市」は、今でも年2回、開催している。2020年5月には、催事販売会場から生配信でオンライン接客販売をする試みもスタート。リアルの催事会場で、お客さんがいる前で、会場に来られないサトーカメラYouTubeチャンネル視聴者に向けて、会場の雰囲気を味わってもらいながら中古カメラを販売した。これもリアルとネットの融合を実践した例だと思う。

中古カメラは型番商品でも全部一点物になるから、オンライン接客販売においてもお客さんが納得するまで説明することが必要だ。

これは逆に言えば、**お客さんが聞きたいと思っていることを、いかに全部質問させることができるか**ということでもある。

オンライン接客の「親密だけど遠い」独特の距離感は、この点でお客さんにとってよく作用するのかもしれない。皆さんも前章でお伝えした各ポイントをしっかり実践して、ネット販売戦略を成功させてほしい。

リアル店舗がある強み

ちなみにサトーカメラの場合、そうやって「中古」が軌道に乗ってくると出品できる商品がなくなってきた。〝弾切れ〟だ。

そこで販売局面のひとつ「買取」を始めたところ、ネットで問題なくできることがわかった。むしろネットのほうが、お客さんが信頼して買取依頼をしてくださるようにさえ感じる。

なぜかと考えると、リアル店舗があるからだと気づいた。もし何かトラブルがあっても、店に押しかければ逃げられないわけだから、**ネット専業でリアル店舗を持たない業者よりも、リアル店舗があるほうが、お客さんは安心**なのだ。皆さんはすでに有利なんだよ。

買取査定はＬＩＮＥを使って行なっている。お客さんは、自分のスマホで売りたいカメラの写真を撮って送ってくれる。それを見て値段がつくようなら、その場で買取価格を提示する。今はスマホ撮影の写真も画質がいいから、査定するのに何の支障もない。動作を確認したいときはお客さん側で動かしてもらって、動画で撮影して送ってもらえばＯＫだ。何の問題もない。

ここ数年、こういうところからも、すでにお客さんのほうがネットでの売買に慣れているということを実感させられる。

さらに言えば、「ネットで中古を売ると、元の持ち主が買取価格と販売価格の差額を知ってクレームを言いに来る」と思っている人がいるが、それも心配ない。

理由は３つある。まず、今のお客さんはそんなことでは怒らない。そもそも怒るような人は買取に出さない。

2つめの理由としては、動画の中で「自分たちも利益を出さないといけませんから」とちゃんと断っている。

3つめの理由としては、自分が手放したものがたくさんの視聴者に注目されるので、高く売れると、むしろうれしくなるらしい。

1つの商品には5つの販売局面がある。皆さんは今、自店の商品でまだ試していない局面がいくつある？　それらをネット販売してみよう。うまく売れなくても、ダメージは残らないから、心配ない。

なぜ、ダメージが残らないかって？　ネット販売なら、宣伝にも販売にも元手をかけないからだよ。ネット販売戦略は安心・安全な、**中小店にやさしい経営体質強化策**なんだ。

Vol. 2

本当の「ブランディング」とは?

「ネットで売る」を始めるにあたって、ブランディングについても再度言っておきたい。

「SNSで簡単ブランディング♪」とか、「イメージアップで売上を伸ばそう!」みたいな〝ぺらい〟ブランディングが跋扈しているからだ。

ブランディングとは本来、商品から始まるものだ。

自店はどの部門の、どの商品で価値を売るのか、まずは「お客様の購入単位=単品」まで絞り込む。そしてエリアを決め、その単品のエリア内のマーケットを根こそぎ獲っていく。マーケットの大きさにもよるが、マーケットが小さければ、全客層、全価格帯を狙おう。

「**商圏エリア内の販売シェアを押さえるから認知される**」――これが本物のブランディングだ。

デザインとかイメージがブランディングにつながると勘違いしている人がたまにいるが、逆なんだよ。売れればいいデザイン、売れなければダメなデザインと評価されるだけだ。

単品で市場を押さえるから、ブランドになるんだよ。だから、1単品でいい。サトーカメラの場合は、「写真プリント部門」の単品「Lサイズの写真プリント」。1単品だけでいいから、商圏内の全マーケットを獲りに行くことだ。

それがネットの場合でも、同じだ。ネットはリアル店舗と違って、地理的制約がないというだけの違いなんだ。

地域という狭いエリアの小さな市場を押さえるなら、リアル店舗。そこに「リアル×ネットの融合」で24時間営業できるようにし、さらに全国という広いエリアの大きな市場をつまみ食いする。リアルとネット、両方で、屋号を変えたりなんかせずに、堂々と正面から売っていく。それによって、「あの店はこういう商品を売っている店」「こういう商品が得意な店」と認知される。

これがブランディングの基本だ。

見た目をよくすることがブランディングじゃない

では、その商品をどのように選ぶかというと、**まずは生活に根差した「マス商品＝コモディティ商品」**だ。

あのスターバックスだってそうじゃないか。スターバックスという付加価値を剥がしたら、「コーヒー」というマス商品だ。マス商品の中の「スペシャリティコーヒー」という単品で勝ち抜いたから、「スペシャリティコーヒーと言えば、スターバックス」と言われるようになったんだ。

あくまで私の個人的な意見だが、よくあるSNSマーケティングやイメージ戦略の本は、それっぽいデザインでおしゃれ感を出すことだったり、広告塔的なスタッフのパーソナルな部分を切り売りしてSNSで発信することだったりすることが、ブランディングだと勘違いさせてしまう内容のものが多い。

オシャレなお店やカッコいいお店なんていうのは腐るほど増えたが、それらはわかりやすくたとえるならば、スタバと同じようなデザインの店構えで、肝心のコーヒーは1杯1

00円のインスタントコーヒーを出しているようなものだ。そんな店が繁盛すると思うか？「ブランディングとは、そんなんじゃないんだよ！」ということを、この本を読んでくれている皆さんにはわかってほしい。

「リアルとネットの融合」でブランディングを成功させた事例

ブランディングに関しては、支援先のスーパーマーケットでこんな例があった。

第3章1項でも紹介したこのスーパーマーケットは、創業時からのお客さんが多く、60代・70代のシニア層がメインの客層のお店となっていた。この状況に社長は、「うちの商圏内にはシニア層しかいないんだし、これがうちの強みだ」という間違ったとらえ方をしていた。

おかげでこの10年間は毎年、売上微減状態が続き、ジリ貧に陥っていた。そして、2019年から「リアルとネットの融合」に着手し始めた。

店頭のお客さんはなかなかLINE公式に登録してくれなかったが、実は、今どきのシニア層はスマホでLINEをやっている人も多い。よくよく調べると、登録してもらえなかった原因は、お客さんではなく自店のスタッフがＬＩＮＥに疎かっただけのことだった。スタッフにＬＩＮＥを教えたら、ＬＩＮＥ公式に入ってくれる数が一気に増え、そのままＬＩＮＥ公式を活用した販売がスタートした。

ひとつの成功事例を挙げると、２月の恵方巻の予約販売だ。それまで恵方巻の予約販売は、申込用紙に毎回手書きで記入してもらって、レジで精算する流れだった。しかし、それだと予約以外の当日販売を含めても、節分の日に３００本ほど売るのが関の山だった。それが、ＬＩＮＥ公式で商品動画を送り、ＥＣサイトに誘導して予約注文を募る形に変えた結果、１年目は６００本、２年目は１０００本、３年目には２０００本という結果を叩き出した。

店頭で声を張り上げて売り込みなんてしていないし、商品も価格も今までと同じ。受付の仕方をオンライン化しただけで、この驚きの成果につながった。

恵方巻の成功を見て、お正月のお節料理や土用丑の日の鰻、クリスマスケーキといった他のイベントの高額商品にもこのノウハウを導入し、予約販売の売上が一気に倍増したことは言うまでもない。

変わったのは販売実績だけではなかった。店内を見渡すと、「リアルとネットの融合」を進めてから3年目で、最初に述べた今までの客層に加えて30代40代のファミリー層が一気に増えていた。

店の情報発信を、シニア層にしか情報が行き渡らなかった新聞折込チラシ一辺倒にオンラインをプラスしただけで、同じエリアに住む30代40代主婦にも情報が行き渡ったのだ。ただし、情報は出せば勝手に行き渡るというものではない。その「30代40代の主婦層」に近づくために、店は何を仕掛けたのか。

これは私も話を聞いたときに、「やるなぁ！ 積極的だね！」と舌を巻いたのだが、そのスーパーはＬＩＮＥ公式の入会キャンペーン用の手配りチラシを作り、近隣の保育園や幼稚園で若い主婦層にリアルに配って、その場で入会してもらったというのだ。

すると、その若い主婦たちが「買い物してよかった」という情報をＳＮＳで拡散してくれて、彼女たちの友達が口コミで来店してくれた。それが店内の客層の風景が一変した理由だった。

店の内装を今風にデザインしたり、店舗を改装したり、ビジュアルマーチャンダイジングに金をかけたり——というのは、言わば〝上っ面〟のブランディングだ。それよりももっと効果的で本質的な施策があることを、このスーパーマーケットの例は教えてくれている。

店舗そのものは30年前のままでも、その30年間、商品の品質と価格を愚直に追求し続けた結果、常連さんがついてきてくれた。その確かな基盤の上にネット販促をプラスすることで、新規客である30代40代の主婦層の来店を獲得できた。

品質と価格のバランスがよければ——つまり、確かな商品を店として確かな売り方で売っていれば——情報の出し方次第で、いくらでもお客さんは来店してくれるのだ。

Vol. 3 「常連」とは、どんなお客さんか？

先のスーパーマーケットの例では、30年にわたり常連さんがついてきてくれたと話したが、ここで皆さんと確認しておきたいことがある。

「常連」とはどんなお客さんだろうか？　私たちは、常連のお客さんに向けて、どうあるべきだろうか？

その答えのヒントとして、事例を2つご紹介しよう。

パチンコ店の例

私の支援先のパチンコ店の店長は、「週に5日ご来店いただけるお客様」が常連だという認識だった。

皆さんはこれをどう感じるだろう。「店である以上、毎日呼ぶ気概を持つべきだ」と感じる人もいれば、「もうちょっと少なくてもいい」と感じる人もいると思う。

ちなみに、私の考えはこうだ。

「それだと中毒ですよ。週5日も来させちゃいけませんよ。私たちがお客さんに対してすべきことは、店に依存させることじゃないと思う。それよりも、大義を持って健全なパチンコ店の姿を構築していくことが、地域に根差すことになるんじゃないかな」

では、「健全なパチンコ店の姿」とはどんなものか。マーケットをもとに考えてみよう。

パチンコ業界は年間売上20兆円産業だ。パチンコ人口そのものは890万人だが、これを国民1人あたり年間消費額で考えてみる。つまり、実際の遊戯人口ではなく、国内の全人口を潜在顧客ととらえ、健全な遊び方で全員に顧客になってもらおうと考えるのだ。

そうすると、20歳以上の日本の人口を仮にざっくり1億人とすれば、

〈20兆円÷1億人＝20万円〉

という計算が成り立つ。1年は12カ月だから、ひと月に1・6万円。要は月に2回、1回8000円使って遊ぶか、週1回ペースで1回4000円使って遊ぶくらいが健全なお

客さんの姿だと定義できるわけだ。

これをパチンコ店の現場に照らせば、「何となく見たことあるなぁ」というくらいの感覚のお客さんが、この店にとって健全なパチンコ店の常連の定義になるということだ。

スーパーマーケットの例

同じ問いを、支援先のスーパーマーケットの店長にも聞いてみた。すると「週に5回6回、毎日でも来てもらいたい」と言う。私はビックリした。それはコンビニエンスストアの考え方だ。スーパーマーケットの本来の姿を見失っている。

日本の食品小売業は、今やコンビニがトッププレイヤーにのし上がり、みんながコンビニ商法をマネしているだけ。コンビニは日本人が使う生活品ベスト3000アイテムをひとり様分ずつ小分けして、家の近くで24時間店を開けることで、「あなたの冷蔵庫」「あなたの便利」となった。

だが、スーパーマーケットの本来の役割とは何だろうか。毎日1時間、スーパーマーケットで買い物の時間を費やすのが、健全なスーパーマーケットの姿なのか？

スーパーマーケットとは本来、週に1回、1週間分のまとめ買いができる店のはずではなかっただろうか。

スーパーマーケット業界もパチンコ業界と同じく年間売上20兆円産業と言われているが、スーパーマーケットは全人口が顧客層だから、

〈1人頭年間約15・8万円×1世帯2・4人＝1世帯37・9万円〉

の消費額ととらえたら、1世帯あたり1カ月約3・16万円だ。1週間で約8000円、週に2日来店で1回4000円、週に4日来店ならば1回あたり2000円、5日になれば1600円と客単価は下がるだけ。

すると、現実はどうなるのか。現場はコンビニのような個食対応でパッケージ詰め作業だけが増え、無駄なゴミも出る。結果、値段だけが上がっていく。それが健全なスーパーマーケットの在り方と言えるだろうか？

スーパーマーケットとは本来、週に1回まとめ買いをするから8000円で済んでお得なわけで、消費者の家庭環境も大型冷蔵庫に野菜室というように進化している。それなの

に、企業側の論理が時代についていっていないのはなぜか？　週に5回も6回も来てもらうことをよしとする考えは、どこから来るのか？

あるコンサルタントはそれを、「日本の場合は刺身がある。日本食の文化が頻回来店とセットになっているからだ」と言っていたが、それはいつの時代の話だろうか？　毎日、専業主婦が買い物に出て、家に帰ったらお父さんは浴衣に着替えて、刺身を食べて日本酒を飲んで……って、『サザエさん』の波平さんかよ（笑）。今どき、そんな消費者像をイメージするのはナンセンスだ。そのことになぜ、気づかないのだろうか。

業績を上げたいばかりに来店頻度を上げる工夫ばかりしてきたせいで、お客さんが中毒患者になっている業界は他にもあると思う。それは私たち商業者にとって、本来の姿ではない。のみならず、生産性も効率も逆に悪い。

私が考える「リアルとネットの融合」は、そういう部分でもお客さんに貢献できると思う。**来店頻度を正常化し、店への依存から解き、24時間いつでもどこでもお客さんとつながることができる店になる**こと。――それがネット販売戦略のもうひとつの意義でもあるのだ。

Vol.
4

「1個250円のどら焼き」でも価値を伝えれば売れる

「リアルとネットの融合」をテーマにネット販売を続けている中で、リアルでの売り方についても新たに気づいたことがあった。

「店頭で商品の価値を伝えるのにも、動画がいい」ということだ。

もちろん今までだって、専用端末を棚に取りつけて商品紹介の動画を流す売り方はあった。けど、ああいうのは大抵、大手の供給元が傘下の小売店に一律にばらまいた販促CM動画だ。売る側が自分で商品の魅力を伝える目線で撮った動画ではない。

ちなみに「動画がいい」というのは、POPがいらなくなるという意味ではない。POPはPOPで、商品を訴求するための大事なツールだ。ただ、POPはチラシと同じで、どうしても情報量が限られる。紙1枚で表しきれない商品の魅力は、どうしてもこぼれてしまう。

動画ならその心配がない。「論より証拠」。撮って映ったままがすべてだからだ。

特に、作る様子が珍しかったり面白かったりする商品は、動画による訴求に向いていると思う。

私がこのことを発見したきっかけは、支援先のスーパーマーケットだった。

そのスーパーは、地域の和菓子店がコロナ禍で打撃を受けて大変だというので、配置販売を提案した。スーパー内で和菓子店の商品を売ることになったわけだ。

商品は1個250円のどら焼き。隣には大手メーカーのどら焼きが3個200円くらいの価格で売っている。普通にPOPをつけて売ったって、絶対買ってもらえない。

そこで私たちは、その高い価値を知ってもらうために、店主がどら焼きを作っている様子と、店主の解説や自己紹介など3分ほどの動画を編集して、売り場にタブレットを置いて流した。ループ再生でずっと見られるようにしてね。

そうしたら、びっくりしたね。ものの1時間で完売しちゃった。

地域のお客さんはその動画を見て初めて、「自分たちの地域には市内に2人しか存在しない特別な資格を持っている和菓子職人がいる」こと、「このどら焼きは、その職人が手作りした素晴らしく価値のあるどら焼きである」ことを知ったわけだ。

また、その店主が惚れ惚れする手つきで、鉄板に生地を広げて、あんこを包んで、見たら絶対食べたくなるどら焼きを作るわけだよ。それが商品の横にあるタブレットで流れるわけだ。その瞬間にお客さんは、

「これは、おいしいだろう！　1個250円はお値打ち商品だ！」

となって、買っちゃうんだよ。横に3個200円の大手メーカーのどら焼きがあってもね。


一般の消費者は、どら焼きなんて機械でパカパカ焼いて作るものだと思っている。テレビで見る映像は大体そういうのだからね。

でも、このどら焼きは違う。「こっちのどら焼きに本当の価値があるぞ」ということに地元のお客さんが初めて気づいた瞬間だった。

これからは中小のメーカー・生産者と直でつながろう

普通はこういうことをやろうとすると、「撮影編集代は〇万円です」とか、「制作費一式込みで〇万円で、どうですか？」と請求する、みたいな話になりがちだ。

でも、この本を読んでいる皆さんは、商品を売って稼ぐことができる人たちだ。だから、撮影代なんかもらわなくていい。それより、商品の魅力が今以上にお客さんに伝わって、今よりたくさん売れて、店の売上が増えることのほうがよほどありがたいだろう。

考えてみたら、これは中小同士だからできる連携だ。

もし相手のメーカーが大手だったら、守秘義務がどうとか、持ち帰って上に相談して決めさせてほしいとか言われて話が進まない。しまいには「完成した動画には当社の宣材画像が何秒以上入っていること」みたいな条件をつけられる。

それだと盛り下がっちゃうよね。

今、私はサトーカメラでもこの売り方を始めようと思っている。

カメラは世界共通で関連品が多い商品だ。レンズキャップ、ストラップ、カメラケース、三脚、フィルターなどなど。それらを作っている中小のメーカーが日本にたくさんある。

無名だから売れないだけの、高品質で魅力的な製品を作っているメーカーだ。

それらの製品の製造過程を、直接私たちが現場にお邪魔して、店側の目線、店長の目線、お客さんの目線で動画に撮って売りたいと思っている。

メーカーはメーカーで商品紹介の動画を作っているけど、正直カッコよすぎて、お客さんは誰も見ないような出来栄えだ。それで喜んでいるのはメーカーの社長だけ。広報の社員や制作の請負先は、社長に喜んでもらえるように作るものだからね。


だから、私たちが広めようと思ったのだ。例えば、その商品を企画した背景を聞いたり、製造ラインにもギリギリのラインまで入り込んだりして、私たちが語っていくのだ。

手の込んだ動画にしなくていい。立派な映像で、プロのナレーションをつけたりする必要なんてない。企業側の視点ではなく、**私たち売り手やお客さんの目線に立って、その場で感じたものを撮ったほうが魅力的な動画になるはず**だ。

「モノづくり日本」には、優れた中小メーカーがたくさんあるんだよ。それを一般のお客さんに広めるのは商業者の役割だ。広告代理店に高い金を払わなくても、それができる時代になったんだ。それで商品の売上が伸びるなら、やらない理由はないと思うよ。

その意味で、中小同士で連携して仲間を増やしていったり、中小のサプライヤーとつながっていく姿勢は、これからいろんなジャンルで鍵になると思う。

今までは、我々中小店も、そういう中小のメーカーを視野に入れてこなかった。大手と付き合えば、宣伝も向こうがやってくれるから楽に売れた。

でも、大手にぶら下がっていれば売れる時代は終わった。本当はとっくに終わっていたんだけど、今回のコロナ禍で改めてそれが明白になった。

アフターコロナの時代、**中小店はもっと中小メーカーや生産者と組んで、高品質な商品を自らの手で広めていくべき**だ。その理由を、次項で詳しく説明しよう。

Vol.
5

中小メーカーと直でつながって儲ける仕組み

次ページは、戦後の日本における流通小売形態の変遷の図だ。

大手メーカーは、その製品の原価が100円だとしたら、子会社の販売会社に3倍の300円で卸す。メーカーは研究開発費を回収しなきゃいけないから、まあそれくらいにはなるだろう。

昔は、販売会社と小売店の間に問屋があった。問屋に卸すときの価格は大体600円。そして、問屋さんが小売店に800円で卸して、店はお客さんに1000円で売る——というのが世間相場だった。

問屋は小売店の在庫を抱えるリスクを吸収し、販売会社は商品の広告からブランディングも含めてマーケティング全般を担当する。こうやって役割を棲み分けていたわけだ。

流通小売形態の仕組み

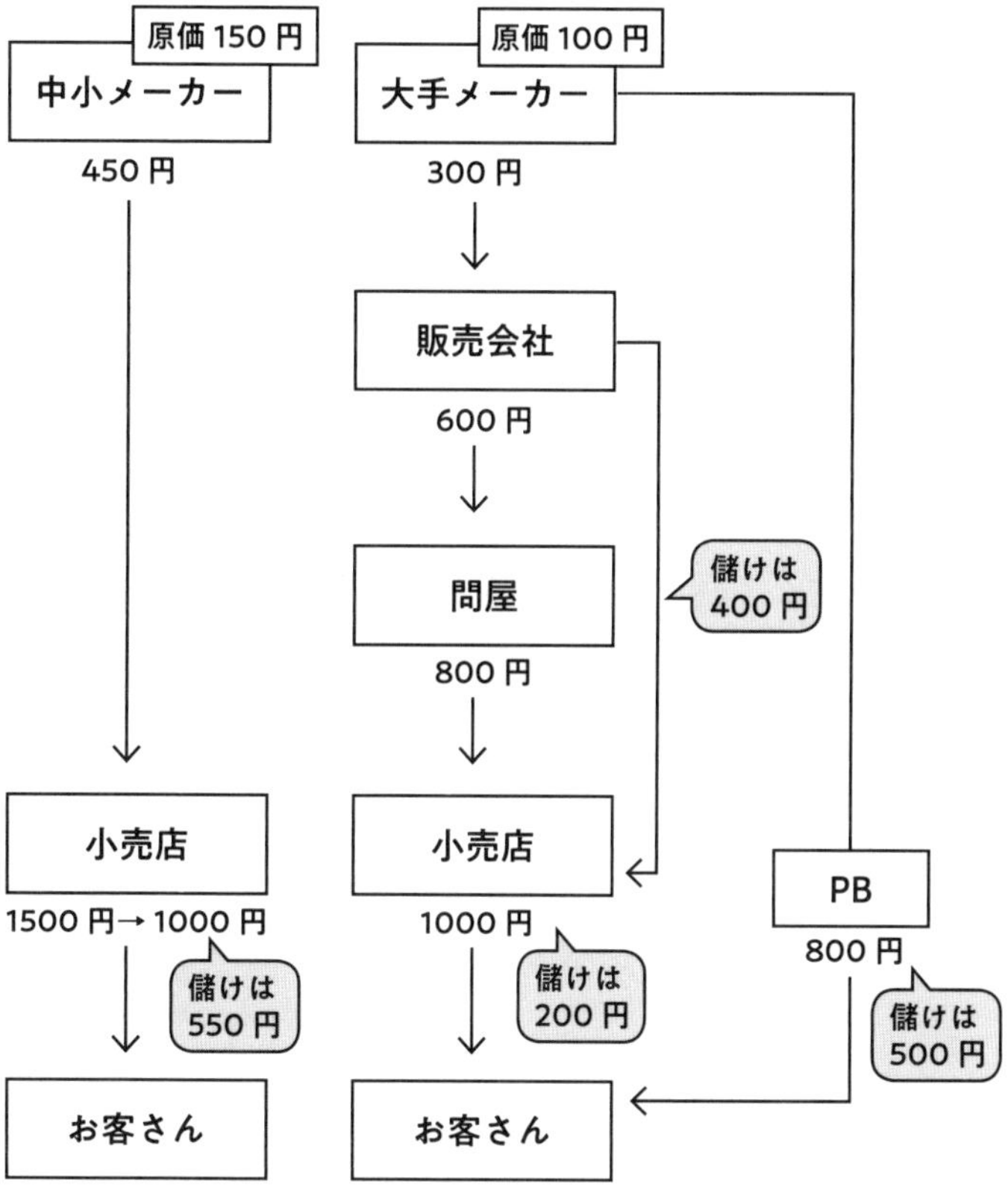
原価150円
中小メーカー
450円
小売店
1500円→1000円
儲けは
550円
お客さん
原価100円
大手メーカー
300円
販売会社
600円
問屋
800円
小売店
1000円
儲けは
200円
お客さん
儲けは
400円
PB
800円
儲けは
500円

しかし、そこに「問屋無用論」という考えが持ち上がった。その理屈はこうだ。メーカーの横には部品のサプライチェーンがある。部品メーカーが何万社とあって、それぞれと製品メーカーの間にも部品問屋が入っていた。それに対して、完成品のメーカーがきちんと計画発注をすれば、部品供給側には問屋はいらないと指摘したわけだ。

そうすれば、完成品メーカーのところで原価が80円に下げられるから、結果、小売店は８００円で商品をお客さんに売ることができる。つまり、同じ商品が20％安くお客さんに供給できる、と。

ただ、当時の我々小売業は、問屋無用論を「完成品の物流における問屋がいらない」という意味に理解した。無用論が出た当時は、日本はまだ高度成長期が続いていた。置けば必ず売れた時代だ。昔のダイエーなんか、全国に店を持っているから在庫リスクを恐れなくていいというので、問屋を飛ばして、販売会社から６００円で大量に仕入れていた。そして、それを８００円で安売りした。

競合店より2割安いから、消費者はみんなそっちで買った。ダイエーに限らず、全国展開の大手小売チェーンはみんなそうやって大きくなっていった。

我々中小の小売店もそれを見ていたから、問屋無用論がずっと頭の片隅にあった。それで、ＰＯＳレジが普及して在庫管理が自分たちである程度できるようになったのを機に、多くの中小店が販売会社から直接商品を引っ張ってくるやり方に変わっていった。

中小店が苦戦を強いられてきた理由

ただ、ここで新たな課題が生じた。**在庫を自分たちで抱えなきゃいけなくなった**のだ。ＰＯＳレジのおかげで管理はできるようになったが、在庫は帳簿の扱い的には「資産」だ。もちろん売れればいいが、売れ残ってしまえば不良資産になって経営を圧迫してしまう。

そうこうするうちに、また新しい売り方が現れた。「ＰＢ商品」だ。販売会社を飛ばして直で消費者に売る売り方だ。

これには店舗数がいる。最低２００店舗。「とにかく２００店舗を目指して多店舗展開して、メーカーと組んで自社のＰＢ商品を持て」というのが、チェーンストア理論だ。そうすれば、３００円で仕入れて８００円で売れる。

ブランドロゴが入っていないだけで中身は同じ商品を、普通の小売店が１０００円で売っているところに20％安い８００円で売ったら、必ずお客様に支持される。しかも、儲けは５００円も出る。問屋を飛ばすだけなら６００円で仕入れて８００円で安売りして２００円の利益となるが、ＰＢ商品を作って販売会社を飛ばせば、同じ安売り８００円でも５００円の利益。粗利で２・５倍も跳ね上がる。

そうなると、中小の小売店も１０００円では売れないから、８００円に下げる。つまり、問屋を飛ばしても２００円しか利益が出ない。その利益で在庫リスクを抱えながらやっていかなければならないわけだ。

小売業はすべからく「多店舗展開×ＰＢ商品販売」に向かう道しかない。――これがいわゆる「流通革命」理論だった。

日本の流通小売は戦後からずっと、この理論で動いていた。中小店は今の今まで、２０の儲けで在庫を抱えながら経営してきた。

やれ生産性が低いだの、給料が安いだのと言われても、それは自分たちの利益を削って安く売っていたからだ。大手はＰＢでごっそり利益を出すから、給料も生産性も高くできるが、中小の小売店はそうはいかなかったんだ。

大手量販店の陰で泣いてきた中小メーカー

そこで私が提唱したいのが、「**中小メーカーとの連携**」だ。

日本は製造業も中小企業が圧倒的に多い。大手メーカーの1・5倍高品質な製品を作っている中小メーカーは、探せばいくらでもある。

大手の製品が原価100円なら、彼らの製品は原価150円で、さらにいい品を作っている。ただ、彼らは販売会社を持っていない。

そこで私たちが、大手が子会社の販売会社に卸すのと同じく、原価の3倍の450円で仕入れたら、どうだろう。彼らにしたら、品質の差がちゃんと反映された卸値がつくから喜んで卸してくれる。

それで大手量販店がどうしたかというと、今までの流れでは、中小メーカーをこう口説いたわけだよ。

「御社の製品は、無名でブランド力がないから、置いても売れないんです。うちは店舗が多いから、たくさん仕入れますよ。ただし、卸値を300円にしてください」

それに対して中小メーカーは、

「ありがとうございます。よろしくお願いします」

と300円で卸す。

大手量販店は、それを販売価格700円で店頭に出す。価格破壊だ。大手量販店はそれで儲けるわけだけど、売れ残ったぶんは不良資産だ。彼らはそれをどうしたかというと、「御社のブランド力がないせいで、売れませんでした」と大量返品していた。もちろん表向きにはそうは言わないが、こんな実態があったのだ。

そうやって、中小の優良メーカーが何社となく食いつぶされてきた。

こういう仕組みになっていたことは、大手量販業界に多少関わったことがある人なら、大抵が知っている。私が知っている中小メーカーの社長も、「大手量販店と付き合ったら潰される」と言っていた。

中小店は中小優良メーカーの商品で儲けられる！

これでわかったね。**今は、中小店が中小メーカーの高品質な商品をお客さんに広めてい**

くチャンスなんだよ。

では、それをどう利益につなげるか。サトーカメラで実践したのは、こんなやり方だ。中小メーカーから、適正価格の450円で卸してもらえたとする。これを店頭価格いくらで売るか？　例えば、700円？　量販店と同じ価格で攻める？

私はそうしない。本来の価値に見合っていないからだ。そもそも無名ブランドだから、価格訴求したところで売れないだろう。売れない理由は販売価格ではなく、価値の訴求不足だからだ。

本来は原価150円の商品が1500円で売られることが適正価格だ。原価150円の商品は本来1500円が適正である。けれども、それを私たちはお客さんのために2割下げて1200円で売る。**この「お客さんのために」が商業者の正義だ**。

とはいえ、競合店が大手メーカーのブランド品を1000円で売っていたとしたら、無名ブランドは1200円で売りにくいこともある。だから百歩譲って、同じ値段の1000円で売ったとしよう。大手メーカーの商品より1・5倍価値がある商品を、同じ値段で売るのだ。つまり、お値打ち品だ。

すると儲けは550円。PB商品を作って売るよりも利益が出る。もちろん、1200円のまま売れば750円の利益が出る。

要するに、販売会社に宣伝してもらって売ると儲けは少ないが、商品を置けば売れるのに対し、自社で宣伝して集客すれば、業界平均の2倍近い粗利を稼げるわけだ。

これが、私たちの役割だと思うよ。

Vol. 6

「ECサイトに売上取られるんじゃないか」問題の解決法

ひとつ注意しておきたいのは、**リアルの接客に定評がある中小店ほど、ネット販売戦略に消極的になりやすい**ことだ。

お店によって違うかもしれないが、普通、小売店はスタッフごとに売上を管理している。首から下げたスタッフカードのバーコードを読み取らせてからレジを打つとか、手入力で担当者名を入力してからレジを打つとか、やり方はいろいろでも、売上1件ごとに担当者をひもづけている。

当然、そのデータは個人の人事評価のベースになる。個人成績も、店舗ごとの目標や売上も、大体そうやって管理している。

しかし、ネット販売戦略を取り入れるときに決まって現場から出るのが、「**お客さんをネットに取られるんじゃないか**」

という不安の声だ。

要は、「店舗で接客したのにネットから注文して買われたら、自分の売上成績にならない」というので、リアル店舗部門の人たちが難色を示すわけだ。

社長からしたら、どっちで売上を上げても構わないのだが、スタッフは自分の給料に跳ね返ってくるから必死だ。

そうすると大体の場合、社内で揉めごとが起こるのは嫌だから、社長がネット販売に消極的になる。「うちはリアル店舗が十分強いから、ネットはまぁ、まだ……」となってしまう。実際、リアル店舗が優秀だとそうなりがちだ。

サトーカメラでも、ネット販売を始めた当初は、同じ問題が何度も持ち上がった。

これをどうやって解決するかというと、簡単なことだ。「お客さんがご注文をどこでされようが、お受け取りが店舗なら店舗の売上、配送ならEC部門の売上に振り分ける」というふうに、具体的に、**誰の、どこの売上になるのかを決める**ことだ。

実際に始めてみたらわかるけど、オンライン接客販売でも「このお客さんの、このご注文は、この出演者の担当だ」というのはちゃんと管理できる。

また、ＥＣサイトでご注文をいただいて、店頭での受け取りを希望された場合も、お客さんは担当者（出演者）が店に出ている日に受け取りに来るケースがほとんどだ。だから、リアル店舗の売上としつつ、担当者の個人売上に計上することは普通にできる。

以上の理由から、**「ＥＣサイトに売上取られるんじゃないか」問題はまったく心配しなくていい**。

むしろ、お客さんの営業時間外の買い物が増える（売上母数が増える）につれて、店頭受け取りを希望されるお客さんも多くなる。それによってスタッフの個人実績が２倍にも３倍にも跳ね上がることがわかってくれれば、現場も協力的になる。

だから、もう一度言おう。「ＥＣサイトに売上取られるんじゃないか」問題は心配しなくていい。それよりＥＣ化の波に乗り遅れるほうを心配したほうがいい。

Vol.
7
次のトレンドは、商品の「店頭受け取り」

売り方がリアルの店頭しかなかった頃、我々は欠品リスクが怖かった。販売ロス（機会損失）になるだけでなく、取り寄せでお客さんに再来店を強いることは商業者として恥ずかしいこととされていたからだ。

だから、在庫リスクを抱えなくて済むように売れ筋商品ばかり置いた結果、日本中どこに行っても同じ品揃えの店があふれることになった。

私たち中小店は店舗が小さくて棚にたくさん商品を置けないから、特にそうなりやすかった。お客さんは品揃えのいい大型店に流れ、中小店はますます苦しくなった。悪循環だった。

それが今、ネットで全国相手に売れるようになったおかげで、私たちは店頭のお客さ

んにECサイトを見せながら、

「こんなにいっぱい、いい商品がありますよ！」

とおすすめできるようになった。

皆さんには、「リアル × ネットの融合」をそういうふうにとらえてほしい。**ネット販売戦略は、リアルをあきらめて、ネットに比重を置くという戦略ではない**のだ。

これから起きるネット販売戦略の変化のひとつとして、「商品の受け取り方」が挙げられるだろう。今、ネットで購入した商品の受け渡しは自宅配送が主流だが、**今後は店頭受け取り（ピックアップ）が増える**と考えている。

その先行例がアメリカだ。アメリカは昔からピックアップが主流だ。よほど遠方のお客さんでなければ、みんな店舗に受け取りに来る。

宅配業者が日本ほど細やかな対応をしないとか、自宅の軒先で盗難にあうリスクが高いといった理由もあるが、**自分の好きなタイミングで取りに行ける**ことが大きな理由になっているようだ。

それで考えてみると、日本も、宅配の時間指定ができるといっても2時間幅だし、急な事情で指定した時間に家にいられなくなることだってある。再配達に来てもらったドライバーと顔を合わすときの、あのバツの悪さはみんな思い当たるはずだ。

また最近では、よほど忙しくて時間が惜しくない限り、わざわざ店舗に取りに行くのがぜいたくな時間の使い方だという感覚も出てきている。

それに加えて、配送料も問題になっている。2016年末に「再配達問題」が一般に知られてから、宅配各社は配送料を年々上げている。店頭に取りに行けば1000円前後の送料が浮くのであれば、地域のお客さんは店頭受け取りを選ぶだろう。

➡ 地域密着を全国に。日本中に顧客を作っていこう!

これまで解説してきた通り、サトーカメラのネット販売戦略は**リアル店舗で鍛えてきた“顧客密着”を、オンラインでも同じようにやった結果、成功した。**

気づいてみたら、オンライン接客で購入したお客さんは、関東圏は当たり前で、遠くは仙台、新潟、名古屋、大阪からも、週末の休日を利用して栃木のサトーカメラの店舗まで商品を受け取りに来てくれることがある。それこそ大型連休になると、北海道や九州のお客さんが、商品を購入後に店舗に遊びに来てくれたりする。

「わざわざ、なんで？」と聞いたら、サトーカメラのYouTubeチャンネル視聴者からしてみたら、「ここが聖地だから」だそうだ。「聖地巡礼」の楽しみと、オンライン接客でつながったアソシエイトがそこにいるから、遊びに来るというのだ。

オンライン接客販売を続けていけば、お客さんがスタッフに会いに来てくれるようになる。もちろん、一部のお客さんだけかもしれないが、「○○さんがいるお店に行こう！」という感じで足を運んでくれたら、スタッフは素直にうれしい。やる気が出る。もっと頑張ろうと思う。そして、**店頭でもオンラインでもさらに実力をつけていく**。

ただし、経営者は絶対に、「ファンを増やせ」「ファンに売っていく売り方に変えろ」などと教えてはいけない。それは私が最初に否定したタレント商法だ。

お店はあくまで、商品でお客さんとつながるべきだ。お客さんがスタッフのファンになってくれるのはありがたいことだが、お店とそのお客さんとのつながりを補強しているにすぎない。そこをわきまえないと、地下アイドルやホストクラブと何ら変わらなくなってしまう怖さがあるからだ。

私たちが目指しているのは、それではないはずだ。私たちの本来の目的は、あくまでも商品を通してお客さんの人生や生活を豊かにすることのはずだ。ファンに向かって「私のために、この商品を買ってほしい」と言ってしまうような間違った道に進まないためにも、ここはしつこいが念を押す。

ここさえ間違わなければ、オンライン接客販売は、商圏を越えて全国に顧客を作っていくための強力な武器になる！

ネットの普及で、顧客との地理的距離はゼロになった。問われるのは商品力と〝顧客密着力〟だ。

ネット販売力で攻めて、**日本中のお客さんを顧客にしていこう**！

おわりに

国は今、〝中小企業減らし〟を進めている。2020年に発足した成長戦略会議のメンバーとして、2060年までに中小企業の数を今の半分以下にするべきだという「中小企業淘汰論」を掲げるアナリストで、小西美術工藝社長のデービッド・アトキンソン氏を加えたことが、そのことを示唆している。

2060年まであと約40年——ただし、事はもっと早く進むかもしれない。きっかけは言うまでもない。新型コロナだ。

私は2018年頃から、2020年代に入れば不況になると予測していた。だから、「固定費3割減」という目標を社内に向けて打ち出し、執行役員体制の組織に再編し、不採算店舗の整理、スタッフ雇用体制の見直しなどを進めてきた。

まさか新型ウイルスの流行という形で不況期が始まるとは思わなかったが、引き金が何であれ敵は変わらず「不況」だから、迎え撃つ体制を作っていてよかったと胸をなでおろしている。

その体制づくりの一角にあったのが、本書でお伝えしてきた「リアルとネットの融合」だ。

小売業の最先端を走り、新しい買い物体験を続々生み出すアメリカと、トップダウンで一気にキャッシュレス化を進めた中国。視察や出張で両国に飛ぶたびに、日本の商業者も「リアルとネットの融合」を進めないと生き残れないと感じていた。

いつまでもアナログな店頭販売だけに頼り切っていては、淘汰される。中小店でも取り組めるネット販売の方法論がどこかにないか。——ずっとそれを考えながら、日々の商売を続けていた。

そこに新型コロナが来た。売る側が変わるより先に、買う側が一気に「オンライン」に振れた。ネットでモノを買うことに対して、お客さんの抵抗感がなくなった。追い風という言葉が不謹慎なら、客観的に「タイミングが来た」と表現してもいい。

中小店は「オンライン」に、「リアルとネットの融合」に、目覚めるべきだと思う。

しかしながら、中小の商業者はいつの時代も大手の割を食わされる。

リアルとネットの融合を進めるうえでは、楽天、Amazon、Yahoo!といったネット通販プラットフォーム企業がその大手だ。ネット検索一強のGoogleも、広告の場面で、結果的に三大プラットフォームと同じ割を食わせにくる。

それが彼らの商売だからケチをつけるつもりはないが、彼らのサービスを使っていては、我ら中小店に道は開けないと思う。

そう思っていたら、意外なところに突破口があった。

それがYouTubeだ。誰もが自由に、無料で、動画を共有し合えるコンテンツプラットフォーム。SNSのコミュニティ性と動画の拡散力とをあわせ持ったYouTubeは、完全にお茶の間のテレビに取って代わった。

そのYouTubeで、私たちは見つけた。我々中小店が最も得意な技能、「接客」をだ。

いまだに、「接客」の強みはリアル店舗でしか表せないと思っている中小店は多い。大手の割を食わされる道しかなかったからだ。正確には、ないと思い込んでいたからだ。

この本は、今の皆さんと同じように「道はない」と思い込んで、大手の割を食う一歩手前まで深みにハマってみたり、下手な自己流の赤字を延々と計上してみたり、あっさり行けば進めた道に気づかず、長い遠回りをしてみたりと、悪戦苦闘を続けた栃木県のローカルチェーンが、17年以上の試行錯誤の末にたどり着いた、YouTubeを使った「中小店のためのリアル店舗とネット販売戦略の融合」をまとめた本だ。

中小店の強みは「顧客密着力」であり「接客力」だ。売り場で鍛え抜いた接客技術をネットで発揮する。そして、不況期でも生き残る。そのための方法論を書いた。

読み終えた皆さんにとって、あとは一歩踏み出すだけだ。

＊

最後まで読んでくださり、本当にありがとうございます。

私たちサトーカメラの接客術については、サトーカメラ常務取締役営業本部長兼、日本販売促進研究所シニアコンサルタント竹原賢治の『こうやって売ればいいんだよ！』（同文舘出版）、サトーカメラ専務取締役法人営業部長兼、日本販売促進研究所シニアコンサルタント豊島定生の『販売員が壁にぶつかったら読む本』（同文舘出版）で詳しく紹介していますので、参考にしてみてください。

また、0から1を生み出した苦肉の策と偶然の産物は、執行役員神谷吉則オンライン事業部長と、佐藤勇士経営企画室長、三品雅一中古カメラ事業部長の3人がいなければ生まれなかった物語です。心から感謝しています。

最後に、経営コンサルタント宮内亨先生と共に25年、「企業は人なり」を実感しながら、アソシエイトみんなの協力と実践によって苦境の中でも発展し続けています。まだまだこれから、共に頑張りましょう。

2021年10月

商業経営コンサルタント 佐藤勝人

サトーカメラ YouTube チャンネル

https://www.youtube.com/channel/UClQ9ZqkdLveVDy9l91cDSZA

佐藤勝人 YouTube チャンネル

https://www.youtube.com/channel/UC4lpsvZJ6UINcTRHPgjellw

佐藤勝人の LINE 公式

（勝人塾、講演・セミナー・ウェビナー等のご案内）

https://lin.ee/qZEREN1

著者略歴

佐藤勝人（さとう かつひと）

日本販売促進研究所 商業経営コンサルタント、サトーカメラ株式会社 代表取締役副社長、想道美留(上海)有限公司 チーフコンサルタント、作新学院大学 客員教授、宇都宮メディアアーツ専門学校 特別講師、商業経営者育成の勝人塾 塾長
1964年、栃木県宇都宮市生まれ。1988年、23歳で家業のカメラ店を地域密着型のカメラ専門店チェーンに業態を変え、社員ゼロから兄弟でスタート。「想い出をキレイに一生残すために」という企業理念のもと、栃木県エリアに絞り込み、専門分野に集中特化することで、大手チェーンに負けない独自の経営スタイルを確立。現在は県内に11店舗、アソシエイト150人を擁し、栃木県民のカメラ・レンズの年間消費量が全国平均の3倍以上と驚異の数字を叩き出した（総務省調べ）。2015年、サトーカメラ宇都宮本店をモデルに中国上海にアジアNo.1のカメラショールームが開設された。グローバル企業と業務提携し、中国のカメラ業界の店舗経営や人材育成とコンサルティングに携わっている。また、全国15カ所で商業経営者育成塾「勝人塾」などを主宰。日本・アメリカ・中国で年間200回ものセミナー・講演を行なっている。実務家と経営コンサルタントの二足のわらじを履いた実践的なノウハウは、企業の規模・業態・業種を問わず評価を得ている。

●サトーカメラ公式HP　https://satocame.com/

地域密着店がリアル×ネットで “全国繁盛店” になる方法

2021年10月10日　初版発行

著　者 ―― 佐藤勝人

発行者 ―― 中島治久

発行所 ―― 同文舘出版株式会社

東京都千代田区神田神保町1-41　〒101-0051
電話　営業03（3294）1801　編集03（3294）1802
振替00100-8-42935
http://www.dobunkan.co.jp/

ISBN978-4-495-54092-0

印刷／製本：萩原印刷

Printed in Japan 2021